知识就在得到

我能做
保险代理人吗

战　轶　丁丛丛——编著

李璞
程智雄
吴智洪
吴征宇
张威华
口述

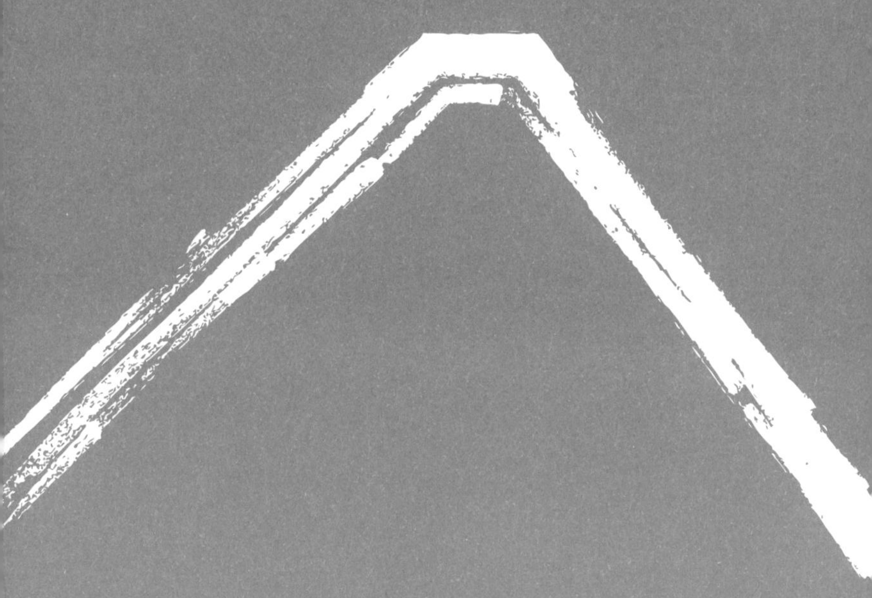

新星出版社　NEW STAR PRESS

总序

怎样选择一个适合自己的职业？这个问题困扰着一代又一代中国人——一个成长在今天的年轻人，站在职业选择的关口，他内心的迷茫并不比二十年前的年轻人少。

虽然各类信息垂手可得，但绝大部分人所能获取的靠谱参考，所能求助的有效人脉，所能想象的未来图景……都不足以支撑他们做出一个高质量的职业决策。很多人稀里糊涂选择了未来要从事大半辈子的职业，即使后来发现"不匹配""不来电"，也浑浑噩噩许多年，蹉跎了大好年华。

我们策划这套"前途丛书"，就是希望能为解决这一问题做出一点努力，为当代年轻人的职业选择、职业规划提供一些指引。

如果你是一名大学生，一名职场新人，一名初、高中生家长，或者是想换条赛道的职场人，那么这套书就是专门为你而写的。

在策划这套书时，我们心中想的，是你正在面临的各种挑战，比如：

你是一名大学生：

· 你花了十几年甚至更久的时间成为一名好学生，毕业的前一年突然被告知：去找你的第一份工作吧——可怕的是，这件事从来没人教过你。你孤身一人站在有无数分岔路的路口，不知所措……

· 你询问身边人的建议，他们说，事业单位最稳定，没编制的工作别考虑；他们说，计算机行业最火热，赚钱多；他们说，当老师好，工作体面、有寒暑假；他们说，我们也不懂，你自己看着办……

· 你有一个感兴趣的职业，但对它的想象全部来自看过的影视剧，以及别人的只言片语。你看过这个职业的高光时刻，但你不确定，在层层滤镜之下，这个职业的真实面貌是什么，高光背后的代价又有哪些……

你是一名职场新人：

· 你选了一个自己喜欢的职业，但父母不理解，甚至不同意你的选择，你没把握说服他们……

· 入职第一天，你眼前的一切都是新的，陌生的公司、陌生的同事、陌生的工位，你既兴奋又紧张，一边想赶紧上手做点什么，一边又生怕自己出错。你有一肚子的问题，不知道问谁……

你是一名学生家长：

·你只关注孩子的学业成绩，仿佛上个好大学就是终身归宿，但是关乎他终身成就的职业，你却很少考虑……

·孩子突然对你说，"我将来想当一名心理咨询师"，你一时慌了神，此前对这个职业毫无了解，不知道该怎么办……

·你深知职业选择是孩子一辈子的大事，很想帮帮他，但无奈自己视野有限、能力有限，不知从何处入手……

你是一名想换赛道的职场人：

·你对现在的职业不太满意，可不知道该换到哪条赛道，也不清楚哪些职业有更多机会……

·你年岁渐长，眼看着奔三奔四，身边的同学、朋友一个个事业有成，你担心如果现在换赛道，是不是一切要从头再来……

·你下定决心要转行，但不确定自己究竟适不适合那个职业，现有的能力、资源、人脉能不能顺利迁移，每天都焦灼不已……

我们知道，你所有关于职业问题的焦虑，其实都来自一件事：**不知道做出选择以后，会发生什么。**

为了解决这个问题，"前途丛书"想到了一套具体而系统的解决方案：一本书聚焦一个职业，邀请这个职业的顶尖高手，从入门到进阶，从新手到高手，手把手带你把主要的职业逐个预演一遍。

通过这种"预演"，你会看到各个职业的高光时刻以及真实面貌，判断自己对哪个职业真正感兴趣、有热情；你会看到各个职业不为人知的辛苦，先评估自己的"承受指数"，再确定要不要选；你会了解哪些职业更容易被 AI 替代，哪些职业则几乎不存在这样的可能；你会掌握来自一线的专业信息，方便拿一本书说服自己的父母，或者劝自己的孩子好好考虑；你会收到来自高手的真诚建议，有他们指路，你就知道该朝哪些方向努力。

总之，读完这套"前途丛书"，你对职业选择、职业规划的不安全感、不确定感会大大降低。

"前途丛书"的书名，《我能做律师吗》《我能做心理咨询师吗》……其实是你心里的一个个疑问。等你读完这套书，我们希望你能找到自己的答案。

除了有职业选择、职业规划需求的人，如果你对各个职业充满好奇，这套书也非常适合你。

通过这套书，你可以更了解身边的人，如果你的客户来自各行各业，这套书可以帮助你快速进入他们的话语体系，让客户觉得你既懂行又用心。如果你想寻求更多创新、跨界的机会，这套书也将为你提供参考。比如你专注于人工智能领域，了解了医生这个职业，就更有可能在医学人工智能领域做出成绩。

你可能会问：把各个职业预演一遍，需不需要花很长时间？

答案是：不需要。

就像到北京旅游，你可以花几周时间游玩，也可以只花一天时间，走遍所有核心景点——只要你找到一条又快又好的精品路线即可。

"前途丛书"为你提供的，就是类似这样的精品路线——**只需三小时，预演一个职业。**

对每个职业的介绍，我们基本都分成了六章。

第一章：行业地图。带你俯瞰这个职业有什么特点，从业人员有什么特质，薪酬待遇怎么样，潜在风险有哪些，职业前景如何，等等。

第二至四章：新手上路、进阶通道、高手修养。带你预演完整的职业进阶之路。在一个职业里，每往上走一段，你的境界会不同，遇到的挑战也不同。

第五章：行业大神。带你领略行业顶端的风景，看看这个职业干得最好的那些人是什么样的。

第六章：行业清单。带你了解这个职业的前世今生、圈内术语和黑话、头部机构，以及推荐资料。

这条精品路线有什么特色呢？

首先，高手坐镇。这套书的内容来自各行各业的高手。他们不仅是过来人，而且是过来人里的顶尖选手。通常来说，我们要在自己身边找齐这样的人是很难的。得到图书依托得到 App 平台和背后几千万的用户，发挥善于连接的优势，找到了他们，让他们直接来带你预演。我们预想的效果是，走完这条路线，你就能获得向这个行业的顶尖高手请教一个下午可能达成的认知水平。

其次，一线智慧。在编辑方式上，我们不是找行业高手约稿，然后等上几年再来出书，而是编辑部约采访，行业高手提供认知，由我们的同事自己来写作。原因很简单：过去，写一个行业的书，它的水平是被这个行业里愿意写书的人的水平约束着的。你懂的，真正的行业高手，未必有时间、有能力、有意愿写作。既然如此，我们把写作的活儿包下来，而行业高手只需要负责坦诚交流就可以了。我们运用得到公司这些年形成的知识萃取手艺，通过采访，把各位高手摸爬滚打多年积累的一线经验、智慧、心法都挖掘出来，原原本本写进了这套书里。

最后，导游相伴。在预演路上，除了行业高手引领外，我们还派了一名导游来陪伴你。在书中，你会看到很多篇短小精悍的文章，文章之间穿插着的彩色字，是编著者，也就是你的导游，专门加入的文字——在你觉得疑惑的地方为你指路，在你略感疲惫的地方提醒你休息，在你可能错失重点的地方提示你注意……总之，我们会和行业高手一起陪着你，完成这一场场职业预演。

我们常常说，选择比努力还要重要。尤其在择业这件事情上，一个选择，将直接影响你或你的孩子成年后 20% ～ 60% 时间里的生命质量。

这样的关键决策，是不是值得你更认真地对待、更审慎地评估？如果你的答案是肯定的，那就来读这套"前途丛书"吧。

丛书总策划　白丽丽

2023 年 2 月 10 日于北京

00 / 序 言

01 / 行业地图

02 / 新手上路

入行前

入行后

03

进阶通道

业务上快速提升

开拓中高端客户

04

高手修养

多维度的能力

带团队的心法

05

行业大神

06

行业清单

序言

有个笑话是这么说的："职场人的尽头，是卖保险。"

什么意思？网上流传过一组"各岗位职业发展路径"，表达得更加直接：

市场人员：市场专员、市场经理、高级市场经理、市场总监、保险销售……

HR：HR 专员、HR 经理、高级 HR 经理、HR 总监、保险销售……

媒体人：实习记者、娱乐新闻记者、教育新闻记者、民生新闻记者、保险销售……

看完这些，你是不是也会心一笑？这些说法虽然包含调侃意味，但结合现实来看，并非完全没有道理。

如果仔细观察，你会发现，最近几年，身边卖保险的人越来越多，朋友圈里经常能看到他们的动态。不仅如此，很多在其他行业做得很好的人也开始主动转行卖保险。比如外企的、银行的、广告公司的、媒体的，甚至还有医生。

你可能会好奇，为什么这么多人都跑去卖保险了？是因为这一行门槛低，都能进？还是因为赚钱多，吸引人？

你可能会疑惑，听说"卖保险的十个里面有八个骗子"，大家遇到都躲着走，这个职业靠谱吗？

你可能想知道，既然那么多人去做保险销售了，他们里面做得最好的人什么样的？这一行值得加入吗？

其实，保险销售有一个正式的名称，叫作"保险代理人"[1]。**这本书的任务，就是从你关心的问题切入，带你重新认识这个职业。**

我们把保险代理人的职业发展之路设计成一场职场预演游戏，请你来试试。对于这个职业，不管你是站在远处半信半疑的人，站在门外跃跃欲试的人，身处其中打怪升级的人，还是纯粹对它感到好奇的人，这本书都适合你读。

如果你站在远处，对这个职业半信半疑，欢迎你翻开这本书。

---

1. 还有一种职业叫保险经纪人，它和保险代理人虽然名称不同、含义不同，但在工作中使用的底层方法相通。你可以在本书第一章"行业地图"进一步了解二者的异同。

　　它会告诉你，抛开普遍的成见和误解，保险代理人实际上是什么样子。

　　比如，很多人觉得保险代理人是一个既不体面，也没什么前途的职业。但这本书会告诉你，做保险代理人，只要你干得足够好，回报是惊人的。有点像坐上火箭，干一年顶别人干十年。很多人觉得卖保险没面子，但换个角度看，反倒是这种普遍的误解，给那些不在意别人眼光的保险代理人提供了更多机会和意想不到的可能。

　　再比如，很多人觉得保险这一行乱象重重，管理肯定不规范，这其实是个极大的误解。这本书会告诉你，实际情况恰恰相反，国家对所有保险公司的设立都有严格要求，保险公司的制度也非常成熟、完善。一个典型的例子是晋升。保险代理人是否晋升，不是人说了算，而是计算机说了算——只要你的业绩达到规定水平线，直接晋升，公开透明。所以，如果加入这一行，那么会是制度保障，而不是人的决策决定你的发展——你的职业前景掌握在自己手中。

　　读完这本书，保险代理人在你心中就不再是面目模糊、人云亦云的样子，而是更加客观、真实、鲜活的形象。

　　如果你站在门外，对这个职业跃跃欲试，欢迎你翻开这本书。

它将向你展示，除了有前途、机会多等吸引人的一面，这个职业不为人知的另一面是什么样子。

比如，你可能觉得，做保险代理人的门槛不高，甚至"谁都能卖保险"。但这本书会告诉你，门槛低只是表象，实际上这个职业有很多"看不见的门槛"，每一道槛都不好过。你能不能一直做下去，能不能做得好，取决于你能不能跨过这些槛。比如：

心理关。出门拜访，你可能会不断地被拒绝，看各种脸色，忍受别人的白眼，一般人承受不了。初期摸索，你可能连续很多天都没有成交，这会带来心态的波动，对你来说，如何保持稳定的情绪状态，是一个严酷的考验。

销售关。要知道，保险销售不是一般的销售，它比很多产品的销售要难得多。原因在于，一般的销售都有实物，是让人开心的，希望能用上的；保险相反，看不见，最好用不着。你怎么说服别人，也是一个很大的挑战。

服务关。你需要的不仅仅是卖保险的专业能力，还有服务客户的能力。在平安内部有一个说法——让每一个保险代理人都成为客户的"007"。所谓"007"，就是多难的任务都能完成，不仅为用户做保险服务，还能为客户操方方面面的心。比如客户的孩子出国留学有哪些信息渠道、客户的亲人得了重病要联系哪家医院的医生开刀，这些都是你要操心的问题。

读完这本书，你可以重新评估自己能不能承受这份职业背后的压力，避免冲动，理性决策。

如果你身处其中，刚刚成为一名保险代理人，欢迎你翻开这本书。

它会为新人阶段手足无措的你提供一个"成长进度条"，把入行以后不同阶段发生的情况提前说给你听。

这本书会告诉你，保险代理人是一个淘汰率很高的职业。通常来说，新人第一次容易"阵亡"的时间是入职后的第 6 个月，大约有 35% 的人会离开；第二次容易"阵亡"的时间是入职后的第 13 个月，大约有 30% 的人会离开。所以你要特别留意这些时间节点，提前积累足够的客户数量。

这本书还会告诉你，如果经受住前期残酷的筛选和考验，2 年以后，新人留存率会大幅上升，达到 90%。而再往后，留存率高居不下，几乎没有太多人转行离开。

此外，这本书会让你看到很多"走向成功的路标"。很多人觉得所谓销售，成单不成单好像就是一个 0 和 1 之间的区别。但是这本书会告诉你，不是的，在 0 和 1 之间，还有无数的灰度阶梯。比如开拓客户、拜访客户、讲保险方案、要转介绍名单等。

读完这本书，知道成功的路标究竟在哪里，你就能做到心中有数，遇事不慌，踏踏实实解决职业成长中的具体问题。

如果你纯粹好奇，这个职业有哪些值得借鉴的心法，欢迎你翻开这本书。

它会告诉你，如果你有连接人、说服人、洞察人的需求，保险代理人这个职业已经沉淀了很多可迁移、可借鉴的经验。

这是因为，**保险代理人的工作界面不是一张张保单，而是一个个具体的人，甚至就是人心本身。**

具体来说，客户要把自己最在意的东西，财产、家人、自己的生命，放在保险代理人手上，其实很难放心——保险代理人如何获得客户的信任？

很多人一看到销售人员立马变得警惕，面对保险销售人员更是如此——保险代理人如何打破僵局、实现连接？

保险看不见、摸不着，未来也不一定用得到，是典型的反人性产品——保险代理人如何说服客户决定购买？

这些直击人心的挑战，书里都有来自高手的解决方案。

读完这本书，你会获得一套顶尖保险代理人解决难题的

"思维方式＋实操办法"，并带走属于你的启发。

最后你可能会问，这本书的内容可靠吗？别担心，书中所有内容都来自行业内的一线高手。他们是：

李璞。太平人寿保险有限公司前高管，任职期间成立了中国保险行业第一个专门服务高净值客户的部门服务过千位资产过亿的重要客户。

程智雄。平安人寿北京分公司营业部经理，中国大陆第一支百人 IDA 团队聚龙团队联合创始人，福布斯中国百强保险精英。

吴洪。太平人寿四川分公司区域总经理、高新支公司创始人。个人实现寿险行业荣誉大满贯——个人年度承保期缴保费千万精英、个人年度初佣百万精英等。

吴征宇。中美联泰大都会人寿保险北京分公司太阳系营业机构总监及创始人、全球百万圆桌会议（MDRT）中国区主席。连续 10 年以上赢得全球百万圆桌会议会员资格，并被授予终身会员荣誉。

张威华。香港保诚星火团队区域经理。连续 3 年获得全球百万圆桌会议会员资格。

这几位高手专业背景过硬、实战经验丰富，对于保险代理人的方方面面都很有发言权，请你放心。

当然，这本书不是知识完备的教科书，而是一幅局部地图——每位高手只讲自己摸爬滚打多年总结出来的最重要的体悟。我们都懂，一个行业的老行尊，点拨后辈，往往几句话，最多一席话就够了。

话不多说，接下来五位行业高手将各展所长、倾囊相授，为你带来有关保险代理人的正知正见和成事心法。请享用。

战　轶　丁丛丛

CHAPTER I

我们知道，选择职业是一件非常慎重的事情。如果你有兴趣把保险代理人作为自己的终身职业，正式选择前，你心里一定有很多疑问。

第一层疑问跟你的切身利益有关。你可能会关心，如果选择了这个职业，发展空间大吗？行业机遇怎么样？薪酬、福利怎么样？

第二层疑问跟公众对这个职业的印象有关。比如，在很多人眼里，保险代理人是个不体面的职业，保险代理人似乎门槛低到人人都能干，保险代理人必须能说会道、工作全凭一张嘴，等等。你可能会疑惑，这些印象是真是假，业内人士怎么看？

第三层疑问跟你的未来职业发展有关。比如，如果在这一行做下去，未来的晋升谁说了算？未来有哪些可以选择的发展路线？如果做到顶尖水平，你有可能变成什么样的人？

别着急，在正式开启职业预演之前，我们先看看"行业地图"。行业地图"的任务，就是带你寻找上述问题的答案。

身边有那么多保险代理人，这一行还缺人吗

· 李璞

你可能有一个感觉，身边的保险代理人太多了，朋友圈各种卖保险的，亲朋好友也陆续有人转行卖保险，隔三岔五接到的保险推销电话就更别提了……这难免会让你产生疑惑：保险业还缺人吗？是不是早就人员饱和了呢？

要回答这个问题，我们先来看两个数据。

第一，从人员规模上看，一个成熟稳定的市场需要的保险业务人员数量是总社会人数的1%。什么叫成熟稳定的市场呢？就是人均保单数量达到一张。我国目前的人均保单数量已经达到1.7张，妥妥地算是成熟稳定市场。但是，我国有14亿人口，乘以1%，就意味着我国需要的保险业务人员数量是1400万。而现有的保险业务人员是1100万人，显然没达到，而且还有300万的缺口。

第二，上面说的 1400 万人，指的是真正以保险为业、干到退休的"终身"从业者。但中国这 1100 万从业人员里，只有 40% ～ 60% 的人是符合这个标准的。你可能也见过身边有人干几个月就不干了，其实一半左右的保险业务人员都是如此。我们不能只看到从业总人数多，还要知道，这里头进进出出的流动性太大了。

市场需要 1400 万稳定的从业人员，而实际上满足这一条件的现有从业人员只有 440 ～ 660 万人。把这两个数据放在一起对比，你就知道，我国保险业从业人员数量不仅不饱和，还有着巨大的缺口，需要现有稳定从业人员增长两倍甚至三倍。

进入任何行业之前，有一个问题你都得考察清楚，那就是：这是一个夕阳行业，还是一个朝阳行业？如果进入的是一个朝阳行业，随着行业发展越来越好，身处其中的你也会跟着水涨船高。而如果进入的是一个夕阳行业，情况很可能就完全相反了。从这个视角来看，保险是一个什么样的行业呢？现在加入晚不晚？我们看看李璞老师怎么说。

中国保险业飞速发展几十年，现在加入晚不晚

▎机遇：保险业的黄金时代才刚刚开始

·李璞

你可能知道中国保险业在过去几十年里得到了飞速发展，总保费规模甚至已经达到全球第二。因此你可能会问，保险业的黄金年代是不是已经过去了？

我的答案是，不仅没有过去，反而刚刚开始。对此，我是非常有信心的。这种信心不是个人的乐观主义，而是有预测数据支持的。

从宏观的发展趋势看，一个国家的人均GDP（国内生产总值）达到2000美元后，保费规模开始大规模增长；人均GDP达到6000～8000美元时，从业人员规模大幅增长；而人均GDP跨过中等收入陷阱，即超过1万美元后，保险密度（人均购买保险的保费数量）、保险深度（总保费收入占GDP的比值）都会大幅度增加。这基本上是全世界保险行业的发

展规律，美国、日本等发达国家都是这么过来的。

我国目前处于什么水准呢？看保费总额，全球第二；看保险深度和保险密度，瑞再研究院的报告显示，2020 年，我国内地的这两项数据不仅远落后于美国、日本、芬兰等国，还低于马来西亚、韩国、葡萄牙、以色列等国。[1] 无论从保费总量看，还是从保险密度、保险深度看，未来中国保险业都有巨大的发展空间。

先看保费总量。瑞再研究院在 2019 年发布的报告《世界保险业：重心继续东移》中称：中国有望在 2030 年代中期超越美国，成为全球最大的保险市场。

要注意，这个全球第二到全球最大，可不是第二名 89 分、第一名 90 分的差距。2021 年，美国的总保费收入是 2.7 万亿美元，中国内地则是 0.7 万亿美元——即便美国的保费总额保持不变，中国的保费总额也要增长超万亿美元，才能超过美国。你想想看，一个行业要在未来 10 年增长万亿美元，那是什么样的发展速度？

再看保险深度和保险密度，我国现在这两个指标的发展水平，大概是美国 19 世纪 30 年代的水平。

到 2030 年，我们要在保费总额上超过美国，即便保险深

---

1. 瑞再研究院：《2020 年度中国、世界保险市场相关数据》。

度和保险密度达不到美国的水平，也要用 10 年的时间来缩短 200 年的距离。这一行的发展速度和发展红利，都是难以想象的。

现在你已经知道了，保险业是一个发展空间很大，刚刚步入黄金时代的行业。但是如果要进入这一行，还有一个问题不可回避——未来保险代理人的工作会不会被技术颠覆，比如互联网保险、人工智能？

我们都知道，技术的力量不可估量。那么，保险代理人提供的服务，会不会有被技术替代的风险呢？

▎冲击：互联网保险不会颠覆保险业，而是补充

· 李璞

以前，保险是一个靠大量人力进行销售的行当。但随着互联网的发展，很多保险在网上就能买，根本用不着销售人员了。那么问题来了，未来保险业会不会被互联网颠覆，不再需要人来销售了呢？

结论我先告诉你，不会。为什么呢？

互联网上卖得好的保险产品，大部分都是基于场景设计

的。举两个简单的例子，我们在淘宝下单付款时，页面会提示勾选一个运费险；在各种 App 上买机票时，也会有一个航延险的提示。这些都是我们平时不会专门去买，但会在一些特定场景下搭配购买的保险产品。

但是，如果你要买的保险价格高，又比较复杂，该怎么办？再有，两种重疾险，条款不一样，你该选哪个？全家老小五口人的保险该怎么配置？父母的重疾险、养老险该怎么买，买多少才能获得真正的保障？这些问题，仅仅凭借常识是无法考虑周全的，必须有一个保险代理人作为专业人士和责任攸关人为你把关。

当然，这几年互联网保险中也出现了养老险、重疾险这样的保险产品，但必须说明的是，互联网保险服务的和传统线下服务的可以说是两类顾客，满足的是两种消费需求。

线上产品通常是消费型的（在保险期限内，风险没有发生，保险公司不会把保费退给你），价格也比较便宜；线下产品则是非消费型居多（风险没发生，客户选择退保，保险公司会退还保单现金价值），价格也要贵一些。线上产品的保障期限比较短，通常只有一年；线下产品往往会保几十年甚至终生。买了线上产品，申请理赔需要自己办理，比较麻烦；而买了线下产品，申请理赔会有保险代理人帮忙办理。

也就是说，跟线下的相比，互联网上的保险产品具有低价、好选购的特点，这让它成为很多年轻、健康、经济基础较弱或追求高性价比的人的保障补充方案。

中国保险行业协会发布的数据显示，从 2012 年至 2017 年，保险行业每年的增长规模都远远超过互联网保险的保费规模（见表 1-1）。也就是说，互联网保险并不是在切分或颠覆原有的市场，而是在和传统销售渠道一起把整个蛋糕做大。

表 1-1　我国保险业增长规模和互联网保险保费规模

单位：亿元

年份	2012 年	2013 年	2014 年	2015 年	2016 年	2017 年
保险业增长规模	1149	1734	3013	4048	6676	5622
互联网保险保费规模	111	318	859	2234	2299	1876

数据来源：艾瑞咨询，《2019 年中国互联网保险行业研究报告》，http://report.iresearch.cn/report_pdf.aspx?id=3392。

所以，无论是互联网上新出现的险种，还是传统保险产品的线上形态，都是对现有保险业的有利补充，而不是取代或者颠覆。

▌应变：人工智能来了，保险代理人会被替代吗

·程智雄

说到保险代理人会不会被技术取代，人工智能是绕不过去的话题。特别是 2023 年开年以来，ChatGPT[1] 飞速发展，不断进化出新的"超能力"，比如通过回答人的问题撰写学术论文、编写程序代码、列出采访提纲、输出需求文档，等等。而且，ChatGPT 的能力还在不断进化，每回答一次人类的问题，它的能力就变得更强，大有取代人类工作的趋势。如果你想成为一名保险代理人，也不得不面对以 ChatGPT 为代表的人工智能带来的挑战。下面分享一下我对这个问题的阶段性看法。

我们先从产品类型的角度来看，AI（人工智能）可能会替代什么类型的保险产品的销售。

在我看来，比较简单的、销售流程固定的保险销售大概率会被替代，比如车险、简单的医疗保险等。未来，客户有简单的保险需求可以直接通过互联网实现。比如，客户可以提问 AI：我的基本情况什么样，你可不可以告诉我如何购买车险？像这样的问题 AI 可以回答。换个角度看，AI 对互联网保险应该会有显著的帮助。

---

1. 美国人工智能研究公司 OpenAI 研发的聊天机器人程序。

那保险代理人是不是就没有价值了呢？别着急。接下来我们就从人的角度来看，AI 会对保险代理人产生什么影响。

我的看法是，那些只会背诵话术的保险代理人会被 AI 替代。一些不用心的保险代理人，会用过去传统的销售保险的方式去背话术，比如：你为什么要买重疾险？你要买多少重疾险？你要买什么样的重疾险？……他见到一万个人，可能都会这么说。这类保险代理人很容易被 AI 替代，因为我们背诵信息肯定没有 AI 背得熟。

那么和 AI 相比，人的价值体现在哪里？在我看来，**人有一个方面的价值是 AI 在短期内赶不上的，那就是人更理解人。**我试用了一下 ChatGPT，问它：关于保险在家族传承中的作用，你有什么见解？它答得还挺像那么回事，但你能感受到它没有情感，或者它的情感是假的，很难提供一定的情绪价值，于是它也就很难通过用户思维去考虑问题。

什么是用户思维？主要有两点：**第一，你能不能在一些非理性细节上打动客户；第二，你能不能理解客户的个性化需求，并调用你的专业能力为他解决复杂问题。**

先看第一点，所谓非理性细节，指的是我们在和客户沟通时涉及的一些感性的点。

举个例子，2023 年 1 月，我签署了一张保单。我了解了这张保单的情况，发现在我接触这位客户前，已经有 3 位保险代理人见过他了，但都没有成功。后来客户签完保单跟我聊天，讲到一个细节。他说，他对包括我在内的 4 位保险代理人提过同一个问题：你做的方案是不是针对我们这种特殊人群的？客户之所以这么问，是因为他的孩子患有比较严重的先天性自闭症，而他只有这一个孩子，没有兄弟姐妹可以照顾孩子，所以对保险方案的方方面面都格外关注。

客户说，问出这个问题后，其他 3 位保险代理人的回答都是：对，我的方案就是为了照顾特殊人群的。只有我的回答不一样。

我是这么说的："我并没有觉得您家有任何特殊情况。因为您也跟我说了孩子的情况，我觉得一个人只要生小孩，他都会操心不同的问题，可能您操心的是这个问题，别的家长操心的是孩子赌博、挥霍或婚姻问题。所以，我们首先不会看待您的情况为特殊情况，我给您出具的方案里涉及保险金信托，它本身也不是为了照顾特殊人群的。如果是极为特殊的情况，我们反而解决不了。"

你看，一方面我从专业角度出发，说明了我为客户设计的保险方案本身并不是为了照顾特殊人群；另一方面，也是更重要的一点在于，从关注客户情感的角度讲，我不能像其他 3 位保险代理人那么说。这就是"非理性细节"。我们保险代理人跟客户沟通的过程中，会遇到很多类似的细节。而要想妥当地处理这类问题，目前来看人比 AI 强。

再看第二点，你能不能理解客户的个性化需求，并调用你的专业能力为他解决复杂问题。

还是以前面那位客户为例。我之所以能签署这位客户的保单，只在沟通中关注他的情感需求还不够，我还必须做好专业服务。具体来说，就是理解需求，并解决问题。比如，当我了解到客户有几套房，有多少资产之后，设计方案就要考虑各种可能性。比如将来他年龄大了，没有民事行为能力了，甚至不在了，把他的资产给某些人，会不会触发人性的风险？这时候 AI 就无法判断了。比如客户会想，要不要选某位亲戚继承财产，要不要给孩子安排结婚对象，等等。作为保险代理人，我会帮客户梳理他想到的每一种方案，分析有没有可能触发人性的风险。等到分析完毕，我为客户交付了比较合理的方案，于是才成交了。

总的来说，无论是"非理性的细节"，还是客户个性化的需求，都充满了随机性。这其中涉及的问题千变万化、各有不同，而这也正是我们保险代理人发挥价值的地方。未来的保险代理人要想不被 AI 替代，就要去做一些机器做不了的事情，比如怎么增进跟客户的关系、怎么理解客户、怎么服务客户，等等。

考察一个职业，待遇是不可忽略的话题。说到保险代理人的待遇，你可能听到过各种不同的说法。有人说，这个职业没什么保障，没有劳动合同，也没有"五险一金"；也有人说，做了这一行，年薪百万不是梦，佣金上不封顶。这些说法是真是假？我们一起跟着业内人士了解一下。

做保险代理人，待遇怎么样，回报高不高

▍定位：保险代理人的核心在"代理"二字

· 程智雄　李璞

大多数人通过面试、成功找到工作后，都会和自己要入职的公司签订劳动合同，建立劳动关系。劳动关系的建立意味着你为公司付出劳动，公司每个月付给你工资，为你缴纳"五险一金"等。

但是，成为保险代理人，保险公司既不会给你发工资，也不会给你上社保，甚至不会和你签劳动合同。

这是为什么？是因为保险公司不规范，想方设法少交钱多克扣吗？当然不是。背后的真实原因是，保险行业，普遍实行的是代理制，保险公司和保险代理人之间建立的是代理关系，签订的也是代理合同。

什么是代理关系？简单来说，就是保险公司委托你来卖保险，你每卖出一单，就能从中获取一定比例的佣金。保险

代理人的全部收入来自佣金。

保险行业实行代理制，并非保险公司为了节省开支、规避风险而故意为之。这种制度最早在美国被发明出来，之后经过中国台湾、香港地区传到内地。《中华人民共和国保险法》第 112 条也明确规定："保险公司应当建立保险代理人登记管理制度……"

你也许会产生疑问：做保险代理人，收入全靠自己卖保险赚取佣金，"五险一金"也没有，这太没保障了吧？确实，这种业态对没有业绩的保险代理人是非常残酷的，优胜劣汰的特征非常明显。但凡事有利就有弊，因为这一行赚取的不是工资，而是佣金，上不封顶，所以最终留在这一行的精英们收入极高，年薪百万元都不少见。

有一种跟保险代理人很像的职业，叫保险经纪人。很多想要入行的人都对两者的区别感到疑惑。我们在这里也稍作说明。

所谓保险经纪人，也是一种保险中介，只不过他们是受客户委托，为其制定保险方案，从中收取佣金。而保险代理人是受保险公司委托，为其代理保险业务，从中收取佣金。保险代理人和保险经纪人是行业发展到一定阶段产生的两种销售渠道。

程智雄老师认为，这两种职业的区别并不大，工作内容也很相似，都是帮客户规划保险。不一样的是，保险经纪人在经纪公司工作，经纪公司会代理不同公司的保险，而保险代理人只代理一家公司的保险。也就是说，经纪人可以卖多家公司的产品，代理人只能卖一家公司的产品。

这并不意味着卖一家公司的产品就不好，卖多家公司的产品就更好。原因有两点：

第一，哪怕是只用同一家公司的产品，也能满足客户需求。

第二，不同公司保险产品的差异不会很大。这是因为我国对保险产品的拟定利率、产品结构等有严格的限制，所有保险产品都必须在特定框架内设计。强监管状态下，不同公司的产品无非是这里多给点，那里少给点，没有本质差别。

值得关注的是，无论是保险代理人还是保险经纪人，都存在两种类型：一种是"成熟顾问型"，他们会从客户需求的角度推荐合适的产品；另一种是"不成熟销售型"，他们会把自己的利益放在最高位置，什么产品激励高就卖什么。新人应该想清楚，自己究竟要成为哪一种类型的从业者。

待遇：佣金的高与低

·李璞

你可能听说过，保险这一行佣金提成特别高，一张保单的费用里恨不得一半的钱都被代理人提走了，保险行业也太黑心了。事实果真如此吗？

很多人看到的佣金高，其实只是对新成交保单第一年而言的。如果你卖出了一份新保单，对应的佣金比例在30%～40%。比如，客户通过你买了一份重疾险，交了1万元的保费，你的佣金就有大概三四千元。

但是，保险可不像销售房子、车子那样，是一锤子买卖。接下来，客户每年还会继续缴纳保费，而保险代理人要持续服务客户很多年。

从第二年起，保险代理人在这一单上能够拿到的佣金比例就会急剧减少，从30%下降到8%、5%，直至降到0。我们做过测算，假设一个人买了一份要缴费20年的重疾险，每年缴1万元，也就是总计20万元。保险代理人在这20年里平均能拿到的佣金比率只有5%，也就是1万元。

5%的平均佣金率和房产销售、证券经理等拿的差不多。这就奇怪了，保险公司为什么要把第一年的佣金设置得这么高？

我们先来看看以 5% 的平均佣金率给保险代理人提成会是什么样的结果。以现在的北京市场为例，一份重疾险的年保费金额在 1 万～ 1.5 万元之间，而一个保险代理人一个月能签到 3 单，就算做得不错；如果能签下 10 单，就非常厉害了。

就算一个保险代理人一个月真能签下 10 单年保费在 1 万元的重疾险，佣金比例按 5% 算的话，他一个月也只能挣 5000 元。在北京这样的地方，月收入 5000 元，他可能连生存都是问题。业绩极好的保险代理人都没法保证生存，那大家还有动力工作吗？是不是干几个月就想转行了呢？

为了保障代理人的生存、生活需求，并给他们足够的激励，保险公司才设置了这么一套把几十年佣金的绝大部分压到第一年的模式。这样，一个干得不错的保险代理人，收入可以达到 1 万元左右。与其他行业相比，这是一个较为合理的收入水平。

当然，代理人不能光看到新保单第一年的佣金高，就不愿意在后面的年份里服务客户了。因为服务好老客户不仅是保险业能长远发展下去的前提，更是保险代理人转介绍客户的重要来源。（关于转介绍，详见新手上路"转介绍"部分的内容。）

▍红利：“一年顶十年”

· 李璞

在大多数人的印象中，保险代理人是一个既不体面，也没什么前途的职业。但很多人不知道的是，在这个行业里，只要你干得足够好，回报也是惊人的。这有点像坐上火箭一样，干一年顶别人干十年。

就拿我自己来说，我是 2004 年进入这行的，入行之后几乎一年上一个台阶，31 岁时就做到了北京分公司的副总裁，管理整个北京市的业务。那时候，我才在这行干了 7 年。刚接手北京分公司时，团队有 5000 人；2 年后我离职去创业，团队已经达到 1.5 万人了。很少有行业能让一个干了不到 10 年的人管理如此庞大的队伍。

这不是个例。我还带过一个"90 后"的新人小 A。小 A 毕业时本来拿到了银行的 offer（录用通知），结果上了两天班，领导塞了个关系户，把他开除了。无可奈何之下，他来了我们公司。结果，做了一年，他就挣到了 700 万元。对职场新人来说，恐怕没有几个职业能带来如此高的收入吧！

3 年后，他回到那家开除他的银行，一进去就要存 300 万元。那些认识他的前同事都惊住了。

对于保险代理人这份职业来说，不能只看到不体面，如果你干得足够好，不管是升职的速度，还是收入的增幅，都会远远超出你的想象。

到这里，你已经了解了保险代理人的发展空间怎么样、未来机会怎么样、薪酬待遇怎么样。但是，如果你有意加入这一行，只了解这些还不够。

这是因为除了考虑切身利益，你还要迎接来自他人的目光。比如，"好好的为什么要卖保险""卖保险的都是骗子""保险不就是传销吗""卖保险没啥门槛，什么人都能干"……

是的，一提到保险，很多人联想到的都是非常负面的事情。如果你打算加入这一行，难免会心存疑虑，迫切地想知道行业高手是怎么看待这些问题的。接下来，就让我们一起来看看。

做保险代理人，没面子、被误解为"传销"怎么办

壁垒："不体面"是条护城河

· 李璞

"卖保险多没面子""卖保险总得点头哈腰，太没尊严了""如果卖保险，别人都会把自己当成骗子""见到亲戚朋友，都不好意思说自己是卖保险的"……这是普通人脑海中对保险代理人的惯常印象——不体面。

很多时候，保险代理人似乎变成了没什么学历、能力或走投无路的人才会做的选择。

但换个角度看，反倒是这种普遍的误解，让很多人，特别是比较优秀的人对这个职业避而远之，从而在客观上形成了这样一种局面：真正进入这行的人，出头的机会相对多一些。对一般人来说，这未尝不是一个好的选择。

如果一个职业既能给人极高的收入，又能给人很高的社会地位，那里一定挤满了精英，竞争异常惨烈；甚至早就一个

萝卜一个坑，位置被占满了。在这种情况下，一般人还有机会吗？反观保险代理人这一行，虽然在一些人看来不体面，但这也意味着有更多机会和意想不到的可能性。

┃ 本质：保险≠传销

·程智雄　李璞

提起保险代理人，很多人会有个误解：他们干的不就是传销吗？又拉人头又杀熟，上面的人不断提下面人的成，看起来跟传销没啥区别。事情真是这样吗？

答案当然是否定的。很多人把保险误当成传销，是因为只看到了表象，没看到实质。

首先，传销组织和保险销售团队虽然在组织结构上有一定的相似性——都是一层一层从上往下的，但它们在销售模式上完全不同。

传销在组织内销售，比如，老张是传销组织的上线，他挣的钱都来自自己的下线小王、小李、小刘……如果小王、小李、小刘等人想挣钱，也需要发展下线，让更多人进入传销组织，成为组织内部成员。

而保险的销售对象在组织外，也就是说，它的客户是广大消费者。比如，保险代理人小明可以把保险卖给邻居王阿姨、餐馆的丁姐、社区医院的张大夫，而这些人既不是保险公司内部的人，也不需要进入保险公司。

其次，传销和保险虽然都在不停地"拉人入伙"，但传销拉人是为了发展下线，收人头费；保险招人则是正常的社会招聘行为，没有入门费一说。

再有，传销的提成，提的是下线人头费的成，比如老张提的就是他的下线小王、小李、小刘的成；而保险赚的是保单本身的销售佣金提成，提的是商品本身的成，这与其他行业的销售是一样的，卖房子、卖车都是如此，保险只是团队内部的层级比较多而已。

还有，传销和保险虽然都会向亲朋好友推销，但传销是想方设法把亲友拉进火坑；而保险是纯粹的销售行为，给亲友的也是一份有价值、能提供保障的商品。

最后，我再给你一个简单的判断传销和保险销售的方式：去看同一个产品，不同人卖的价格是不是一样。如果你买的是保险产品，无论找总监、经理还是找一个刚入行 3 天的新人，他们卖给你的价格都是一样的；而如果你买的是一个传销商品，从不同人手里拿到的价格就不一样了，因为传销组织里不同层级的人，从"上线"那里进货的"成本"不同，卖出的价格自然不一样。

说到底，传销是一种从下线往上线转移财富的骗局，而保险是一种有实实在在的意义，可以分散和抵御风险的产品。

当然，可能仍然有人对此心存疑虑，那我们来看看法律层面的规定。传销是国家明令禁止的违法行为，而保险则是金融的三驾马车之一，有着 300 多年的发展历史。在我国，保险行业还受《中华人民共和国保险法》、银保监会的严格监管。

值得一提的是，业内确实有少数人不守规矩，通过招聘把新人发展成自己的"下线"，用传销化的方式升职加薪，但这样的人没有一个能发展得长远。

很多人对保险代理人印象不好，很大程度上是因为个别素质低的人破坏了生态。如果你想加入这一行，一定要警惕这种人。

成为保险代理人，门槛真的很低吗

▌门槛：保险代理人的招聘很不一样

· 李璞

在大家的印象中，保险公司的招聘是完全没有门槛的。但事实上，"谁都能卖保险"这一点只是个错觉。保险公司只是在以不同的方式招聘而已。

在大多数行业中，一家公司要招 1 个人，可能会先从上百份简历中选 10 个人来笔试、面试，然后从中择优录取。经过层层筛选的人，最终才能成为正式员工。在这样的招聘环节中，作为需求方的公司往往属于强势一方，在筛选人方面有很大的优势。

但保险代理人的求职市场供需非常不对等——市场对保险代理人的需求很大，但供应不足，且不认同这行的人居多。所以，保险公司的招聘没办法采用那些处于强势地位的行业和公司的策略。

保险公司先不设笔试、面试这些流程，而是广撒网组织人过来听宣讲，以便让更多的人了解这个职业，了解这家保险公司，了解这一行的发展趋势。唯有以这样的方式招人，保险公司才能最大限度地招到更多愿意进入这行的人。所以从表面看，谁都能来卖保险，但其实，这个环节距离正式成为员工还很远。

宣讲之后，保险公司会对认同保险代理人职业、愿意投身这行的人进行正常的笔试、面试流程，完成人员筛选。但笔试、面试合格的人还需要接受通常为期 3 个月、较为系统的业务培训。只有最终培训合格后留下的人，才能够正式入职。

所以你看，保险行业不是没有门槛，而是将门槛后置了。

┃周期：前低后高

· 程智雄

一般的工作，求职者拿到 offer 入职后，只要没什么大问题，基本上就在这个岗位上坐稳了。

但是对保险代理人来说，这时真正的淘汰才刚开始。

由于保险代理人的工作没有底薪，一旦几个月没有单子，代理人要么会因为没有收入主动退出，要么会因为通不过公司的考核而被淘汰。

通常来说，第一次大面积"阵亡"发生在正式入职后的第 6 个月。根据统计，大约有 35% 的新人会在这一时间点"阵亡"。

大部分人原本总会有些资源，认识些朋友，最初的几张保单还是可以成交的。而 6 个月之后，原有资源耗尽，新的客户群体开拓不出来，自然就会"死掉"。

第二次"阵亡"则发生在入职后的第 13 个月。这个阶段大概有 30% 的新人会"阵亡"。

这时候新人"阵亡"的原因，还是资源耗尽。他们之所以能撑到这时，只不过是因为原来的资源比较多，带来的业绩能够支撑比较长的时间。

我看过保险业的一份白皮书，里面提到保险代理人的留存率数据是，"代理人 1 年留存率不足 50%，个别险企首年流失率甚至高达 80%"。

不过，你也别太泄气，如果能够积累足够的客户，又在经历了前期残酷的筛选和考验，2 年以后，从业人员的留存率会大幅上升，达到 90%。而再往后，这个职业的留存率更是高居不下，几乎没有多少人转行离开。

可以说，这是一个前期淘汰率极高、生存难度极大的工作；但对于"活"下来的人，它回报的是非常广阔的发展空间。

现在你知道了，保险代理人是一个入行门槛低，生存难度大的职业。如果随便进入，试错成本很高。所以，当你考察这个职业的时候，一定要往深处再看一层——从内行的眼光看，究竟什么样的人适合做保险代理人？什么样的人才能在这一行走得长远？什么样的人在这一行更受欢迎？最重要的是，你是不是或者想不想成为这样的人？

成为保险代理人，什么样的人才能走得长远

· 程智雄

在入行之前，大部分人特别关心的问题是，什么样的人最适合干这一行，什么样的人能在这一行走远，以及自己是不是这样的人。

有人说保险代理人得能说会道、善于销售；有人说得人脉广泛，善于结交人；更有人说，得能厚下脸皮。但在我看来，**能从心底里以帮助他人为乐的人，才最适合当保险代理人。**

你也许觉得这和你印象中的保险代理人差别太大了，但其实保险产品的本质在于为客户转嫁风险、雪中送炭。对销售这种产品的人来说，自己的个性和保险的这一特性相匹配，才能真正享受到这个行业的馈赠。

为什么会这样？我们来看看什么叫助人。助人是指，当他人遇到困难的时候，以出钱、出力或出主意的方式相助。

而保险是什么？保险是当他人遭遇意外、疾病、年老无依等困境时，用金钱的方式予以相助。二者在底层的逻辑上是相通的。当你的个性与保险的本质朝着同一个方向发力时，你的业务自然会以加速度的方式发展起来。

我自己体会到这一点，是在我当保险代理人第一年的时候。

有一天下班后，我路过家门口的饭馆，突然想到报道了3天的三聚氰胺奶粉事件，就进去问老板他给孩子喝什么奶粉——他也是我的客户。

他说："三鹿，国产的，挺好。"

我一听，惨了，他和老婆每天黑白颠倒忙饭馆的事情，完全不知道三鹿出了什么事。我立刻出去买了份报纸给他，他看完后整个人都懵了。

我也很着急，回到住处后，就上网查信息，发现附近的儿童医院可以给喝了问题奶粉的孩子做检测。第二天一大早，我就和他们夫妇俩带着孩子赶了过去。

由于三聚氰胺事件的影响非常广泛，儿童医院里挤满了带孩子检查的父母，等候检测的队伍从五楼顺着楼梯一直排到一楼大厅。为了节省时间，我让他们夫妻俩去缴费，自己抱着孩子排队，汗水不停从我头上往下淌。后来我还带着孩子检查，楼上楼下忙了一整天。

幸好，最后检测结果显示孩子没什么问题，大家也就一起回去了。

过了两天，这位客户打电话让我去他店里吃饭。我没太当回事，就说今天太忙了，没时间去。他很坚持。到店里后，我看到他还叫了两个好朋友一起。吃着吃着，客户突然拿出自己的保险合同，对那两个朋友说："这是我的保单，你们俩照着我的，一人在大雄那里买一份。"

我一看急了，哪有逼着朋友买保险的，赶紧说"不要这样"。客户特别耿直，"这儿没你的事"，然后指着桌上的保单对自己的朋友说，"你们两个，赶紧的"。

其实，我带客户孩子去医院检查，只是因为他刚好在我附近，我知道他家有小孩，要是喝三鹿奶粉喝坏了可就遭殃了。后面做的一切，也只是我本能的反应。能够帮助他们及时排查问题，我由衷地为他们高兴，并无任何功利之心。但正因为这样，我受到了客户极大的认可。

现在想来，我从业十多年，之所以越做越顺，发展到今天这种程度，与我下意识地爱帮人有很大关系。

发自内心地帮人，并以此为乐，自然会受到馈赠，在保险这一行尤其如此。

亚马逊创始人杰夫·贝佐斯说过："如果你做的每一件事都把眼光放在未来 3 年，和你同台竞争的人很多，如果你的目光能放在未来 7 年，那么可以与你竞争的就很少了。"

这句话告诉我们，越是重要的事情，越要把目光放得长远一些，职业选择尤其如此。那么接下来，我们就把视角从当下转换到未来——如果加入这一行，你未来的晋升谁说了算？未来有哪些可以选择的职业发展路径？如果做到顶尖，你有可能成为什么样的人？

成为保险代理人，未来的晋升谁说了算

·程智雄

提起保险行业，很多人还有一个误解，就是这一行的管理制度不完善。业务人员来了又去，流动性强；工作目标又似乎只有成交这一件事，整个职业的晋升空间非常有限。

但我想说的和这种印象恰恰相反，保险公司的制度非常完善、成熟。

我自己当年转行进入保险业，最看重的就是保险公司有一个叫作"基本法"的东西——公司制度。

如果你读懂了基本法，会发现它就是一份职业发展规划：你的职业发展路径是什么样的？你做哪一块业务会发展得更好？你现在处于什么阶段？你未来应该干什么？业绩达到多少可以升职？这些都有非常明确的指向标。而且，不仅平安一家公司这样，整个行业都是如此，人为影响因素可以说微乎其微。

我去平安面试时，最打动我的是领导说的一句话："我们的晋升都是由计算机算出来的。"

我第一次晋升，就是眼看着电脑屏幕上我的三项 KPI（关键绩效指标）完成数值超过了晋升线。

这和我之前的一份工作形成了强烈的对比。之前我在一家创业公司工作，老板承诺按照业绩发放奖金，大家就拼命干。按照我的业绩，当年应该发放的奖金是 10.5 万元。但是到了年底，老板心疼钱，只给了我 1.5 万元。出尔反尔，非常随意。

除了晋升公平透明，保险公司还有一点和一般企业不太一样，那就是保险公司的管理岗位不是有限的，而是允许出现无数个主管、无数个部门经理、无数个总监，而且他们之间毫无竞争关系，因为对每个人的考核都依据指标来进行。指标达到了，你就可以上；指标没达到，你就要下来。

在保险业，是制度在保障你的发展，而不是人的决策决定你的发展。

我希望自己的职业前景掌握在自己手里，我行就是行，不行，只是因为我不行。

如果你也和我一样，希望投身于一个公平、公正、公开的行业，那保险业就非常适合你。

成为保险代理人，有哪些职业发展方向

▌通道：多样的发展路线

·程智雄　李璞

在保险业内，代理人有一些通行的发展路线：要么单纯做业务，不断提升业绩，从基础业务员一直做到顶尖；要么成为管理者，带着团队做业务（当然，升为管理者的前提是业绩好）；要么单纯做内勤工作，比如做内部培训。

但我想要告诉你的，可不是这些通行的做法。

随着中国保险业的深入发展，从业人员的发展正变得更为专业。

首先是做精。保险代理人可以根据自身特长，销售某一大类别的保险产品。比如，有些人是从医疗行业转行过来的，或者对医疗领域有比较深入的研究，就专门做医疗险、健康险、重疾险的销售与服务；有些人非常懂教育，擅长和家长群体打交道，就专门从事教育类保险产品的销售与服务。

更进一步，业务员还可以按照客户群体细分做业务。例如，按照职域划分，有人专门做律所、会计师事务所等团体的业务，钻研这一类客户群体的保险需求，针对性地服务这类客户。

其次，代理人可以按照地域做业务，专门做某一特定区域的业务。

我曾经去日本第一生命保险公司考察学习过，他们的代理人就是按照街道划分业务的，一个代理人就负责一到两个街道住户的所有保险事务。而他们平时的工作就是去街坊家里拜访、喝茶，如果需要办理赔或者买新的保险，街坊们会主动找他来办理。

再次，跳出保险这一领域，转做综合金融业务。也就是说，除了销售保险产品，代理人还可以帮客户办理信托、证券、银行业务等。当然，这需要代理人具有更为出色的专业能力。目前，中国平安和中国人寿这两家保险公司都具有开展综合金融业务的资质，保险代理人有机会为客户提供综合的金融服务。

最后，跳出保险公司的模式，自己成立办公室、代理公司。比如，美国很流行的一种模式就是业务人员自己成立代理公司，只代理一家保险公司的产品。一方面，客户买到的都是一家公司的产品，如果有理赔或者其他需求，代理人只须跟这一家公司沟通，保证客户享受到的服务是一致的；另一方面，因为只代理一家公司的产品，这家公司有什么资源都会开放给代理人，代理人也能给客户提供更好的服务。甚至，代理人还可以成立专门服务一两个大家族或者高净值人群的代理公司。

上面这些趋势，有的已经在国内萌芽，有的则是在国外发展得比较成熟，未来也会在我国保险业出现。总之，保险代理人的发展会越来越走向专业化的道路。

选择一种职业，就像驶入一条航道。如果你对成为保险代理人感兴趣，那么你一定想知道，沿着这条航道往前走，会抵达什么样的地方。要回答这个问题，有一个视角可供参考，那就是这一行的最高奖项。当你知道了保险代理人的最高奖项是什么，评选标准有哪些，也就知道了这一行鼓励你成为什么样的人；要想在这一行做到最好，你得做到什么样。

▎荣誉：职业奖项并非只看业绩

·程智雄

很多人都认为保险代理人鱼龙混杂，是一盘散沙，但其实，在这个行业里，所有想做到最好的人都有着共同的追求。

这个追求就是获得保险代理人领域两个极为重要的奖项——IDA（International Dragon Award，国际龙奖）和 MDRT（The Millon Dollar Round Table，百万圆桌会议）。这两个奖项可谓行业内公认的评价标准，也是所有保险人都希望拿到的荣誉。

IDA 是针对华人保险圈的，中国大陆、中国香港、中国澳门、中国台湾、马来西亚、新加坡等大中华区和其他华人聚集地区的代理人都可以报名参加评选。这个奖项分为两大类：一类是杰出业务奖，评选标准是业务人员首年佣金[1]金额。另一类是优秀主管奖，其基础是团队成员里有足够数量的人员拿到杰出业务奖。按照业务水平和管理水平，这两大类奖项由低到高都分为铜龙奖、银龙奖、金龙奖及白金龙奖。在 IDA 的评奖标准里，有一条值得特别关注——一年内要完成 36 件以上新的个人寿险保单，而不仅仅是佣金高。这是为什么呢？

IDA 的价值观是向更多家庭传播正确的保险观念。因此，它考量的并不是一个人做"大单"的能力，而是更看重保险代理人帮助更多普通人通过保险工具转移风险。很多保险代理人的首年佣金完全能够达到 IDA 的标准，但他们逐利性

---

1. 指保险公司根据保险合同第一年收取的保险费的一定比例支付给保险代理人的酬金。

强，只服务高端群体，不服务一般客户，一年内达成的寿险业务件数往往不够。

由此可以看出，一个优秀的保险代理人不仅要业绩好，还要能服务更多人，发挥保险更大的价值。

MDRT 是全球性质的。说 MDRT 是奖项，不如说是会员资格更合适。它分为普通会员（membership）、超级会员（COT, court of the table）和顶级会员（TOT, top of the table）三种。全球寿险的代理人都可以报名，不同地区的评选标准不太一样。MDRT 普通会员是最基础的；往上是超级会员，它要求完成普通会员 3 倍的任务，大概 1000 个普通会员里能有一个超级会员；再往上是顶级会员，达成标准是超级会员的 2 倍，全球都没几个人能达到，可以说是凤毛麟角。

MDRT 倡导的价值观和 IDA 不太一样，叫"**全人理念**"。什么意思呢？就是**一个人不仅要做好工作，还要兼顾、平衡好很多方面**。全人理念给出了 7 个会员需要平衡的面向，有事业、家庭、财务、精神、教育、健康和服务。因此，MDRT 每年年会邀请上台分享的嘉宾，都是能把上面几项做得不错的人。比如，美国保险之父梅第，就是 MDRT 推崇的典范，他不仅事业成功、家庭幸福，还设立了多项慈善基金，并且 90 多岁还坚持工作在一线（梅第的故事详见"行业大神"章节。）

此外，MDRT 每年还要对会员进行资格认证。认证标准有两条：一条自然是业绩，指标包括佣金、收入、保费三项。另一条则是必须达到 MDRT 道德规范中规定的标准，比如，将所有必要的事实全面、充分地告知客户，帮助客户做出明智的决定；再比如，确定更换的保险或金融产品对客户有利。

因为这样的价值观和评选标准，MDRT 被看作保险业的奥斯卡。如果说 IDA 的荣誉价值来自正确的职业观、保险观，那 MDRT 鼓励的就是一种全方位、高质量的人生观。（两个奖项的评选标准，详见行业清单"行业奖项"部分。）

关于"行业地图"的介绍到这里就结束了。这一路，你既看到了公众对保险代理人的误解，也看到了这个职业广阔的发展空间，还看到了这一行不为人知的价值。没错，这是一个毁誉参半的职业，也是一个有独特价值的职业，更是一个充满挑战的职业——想入行不难，想做好也不简单。

从新手到高手，一个保险代理人究竟要克服哪些艰难险阻，才能顺利通关？接下来，我们即将开启一场职业预演。这些内容不光对你成为优秀的保险代理人有帮助，对所有人日常沟通、交往、管理、识人和决策都会有启发。休息一下，我们马上出发。

CHAPTER 2

第二章
新手上路

欢迎你来到保险代理人职业预演之旅的第一站：新手上路。

到这里，意味着你正式踏上了保险代理人的升级打怪之旅。接下来，请你代入新手角色，想象自己是一名新手，从入行前到入行后，把可能遇到的关键挑战逐个演练一遍。

你可能以为，保险代理人说到底不就是做销售吗，能难到哪里去？但其实，在这一行，仅仅是度过新手期，就需要你付出巨大的努力，稍不注意就会"阵亡"。每一年，都有30万人满怀雄心壮志冲进这一行，又有20万人灰溜溜地逃出去。

所以，为了提高你的"存活率"，在接下来的职业预演中，几位行业高手会从选平台、选团队、开展业务、转介绍等方面，为你提供尽可能多的建议和方法。"新手上路"部分的内容比较多，但也十分精彩，希望可以陪你度过这段成长速度最快，也最难熬的时光。

◎ 入行前

入行之前，摆在你面前的首要任务就是两个字：考察。比如，去哪家公司？选哪个团队？团队里有什么典型制度需要去适应？这些问题都需要你认真考察，好好思考。

选公司，去国企还是外企，大公司还是小公司

· 李璞

大多数人进保险公司时，都会先考虑一个问题：选什么样的公司？去国企还是外企，去大公司还是小公司？

但其实，在这个问题上无须过于纠结。从稳定性、核心产品和利润等情况看，保险公司的差别不会太大。

为什么这么说呢？

首先，我国对保险公司的设立有着严格的要求，其中最重要的一个条件就是注册资本不能少于 2 亿元人民币。这意

味着，国内任何一家保险公司的规模都不会太小。同时，考虑到保险机构的安全性及需要合理分摊理赔风险，所有保险公司也都必须再去保险公司给自己"上保险"。也就是说，对保险代理人来说，任何一家保险公司的安全性都不用担心。既不会你干着干着保险公司就关了，也不会因为理赔不起而面临公司倒闭的风险。

其次，我国对保险业的经营监管非常严格。不管是内资、外资还是合资的保险公司，设计产品时都必须遵循统一的疾病发生率标准。例如，按照银保监会发布的《中国人身保险业重大疾病经验发生率表（2006 — 2010）》，一个 35 岁的男性，6 种重大疾病的经验发生率是 2.00%。在这样严格的标准之下，虽然各家保险公司的规模大小有差异，但是在同类保险产品的保费价格、赔付标准、赔付金额、佣金方面都不可能有很大的差别。

所以，对保险代理人来说，无论去哪家保险公司，销售的保险产品都大同小异。同类的保险产品，不可能这家保险公司的质优价廉好卖，那家保险公司的质次价高不好卖。

最后，保险公司收益的另一个重要来源是投资，但国内保险公司在投资收益方面的差别并不大。

由于银保监会在保险公司投资方面有严格限定，各大保险公司通常把 70% ～ 80% 的资产配置在固定收益类的定存、债券等债权类资产上，股票基金类的资产比例一般不会超过15%。就国内各家保险公司的投资水平来看，也基本差不多。投资水平高一些的保险公司的年化收益率大概是7%，而即使投资水平差一些的保险公司，年化收益率也能在5%～6%。

但这些并不意味着你闭上眼睛随便进一家保险公司就可以。对于新人，也就是完全没有相关从业经验的小白来说，能够在这行活下来是最重要的。因此，我建议你选择业务培训更好的公司或者团队。

对于有一定工作经验、想要重新选择的保险代理人来说，我建议你把自己作为一个创业者，去选择适合自己"创业"的平台。这是什么意思？如果你想做团队、做管理，就可以找团队发展做得特别好的公司；如果你想专攻高净值客户，就可以选择投资类产品更丰富的公司。

关于如何判断一家公司好不好，程智雄老师还给出了四条建议：

1. 真正好的保险公司很重视新人的岗前培训，建议多参加几家保险公司的培训，好好感受一下。

2. 观察公司对着装、职场礼仪有没有要求。正规保险公司很重视这些。

3. 观察公司是不是按照偏顾问式的发展路线培训新人。如果是，很加分。

4. 看看公司是不是一味向新人要业绩。遇到上岗前什么都不教，要求新人带单上岗，"自己先买两张"的公司，保持警惕。

识团队，如何避开不靠谱的团队

·程智雄

保险行业虽然不是传销，但是必须承认，行业里的确有一些人在用"传销"的方式发展团队。

如果你想加入这一行，在面试及前期培训过程中，一定要判断好你即将进入的团队是否靠谱。

那要怎么判断呢？

看这个团队宣传的发展模式，是不是单纯多招人。

如果一个团队在培训时，告诉你只要不停招人、多招人就能在这一行干得好，连一句把个人业务做好的话都不提，那你必须警惕起来，这个团队极有可能是靠"拉人头"的方式发展，建议你立刻离开。

这是新人入行前可能会遇到的一个坑，你一定要有防范意识，避免不小心掉进去。

看制度，保险公司为什么每天开早会

·吴洪

提起保险公司的早会，你可能会觉得这是一个奇怪的存在。什么公司有那么多事需要安排，每天都开早会呢？这和门口理发店、房产中介公司早上让所有员工站在店外一起喊口号有什么不同呢？他们是不是也在对员工进行洗脑，给员工"打鸡血"呢？

确实，开早会这一点会给很多没入行的朋友带来困惑。实际上，作为几乎每家保险公司都在使用的管理制度，早会有着非常重要的功用。

第一，辅助你养成良好的工作习惯。在保险公司里，代理人多数时候需要出去拜访客户，并不在公司里，因此没有办法早九晚五地打卡。但这样一来，有些自驱力弱，或者时间管理能力不强的人，很可能会一觉睡到 11 点，这样一上午的时间就白白浪费了。而固定的早会制度，比如每天 8 点半开会，能督促你早起，让你迅速投入到一天的工作之中。

第二，培训功能。保险公司评价代理人工作水平的标准主要是业绩。但是有的代理人一个月能签十几单，有的代理人到月底了连一张保单都没卖出去。如果你不幸是后者，比起等着到月底去跟领导哭，不如在早会时跟前辈、做得好的人请教方法。同时，团队也会安排绩优人员分享成功的经验。这样就能做到，有问题，早解决；有心法，一起进步。

当你选定一家合适的公司，找到一个满意的团队之后，就要正式开展工作了。这时的你身穿正装，戴着胸牌，笑意盈盈，对未来的职业发展充满信心。但同时你必须注意的是，在保险代理人这一行，新手阶段是最重要，也是最残酷的阶段，淘汰率极高。

接下来，请做好准备，我们将用本书最大的篇幅进行新手阶段的预演，从基本功、开拓客户、跟客户沟通、转介绍等各个角度，告诉你怎么活过新手期。

当然，如果你还没下定决心加入这一行，这部分也很有价值。一方面，你可以了解这一行从业人员的酸甜苦辣；另一方面，这些心法和经验在各个领域都是通用的，即便不做保险代理人，你也可以将其运用到销售、服务、沟通、交往等各种场景。

◎ 入行后

捷径是世上最远的一条路——这是各行各业的高手都在强调的真相。保险代理人也一样。所以，在进入这一行的最初阶段，你面临的挑战不是怎么销售保险、怎么猛冲业绩，而是怎么打好基本功。只有扎扎实实做好这一步，你未来的职业之路才能走得更远。

入职初期，如何修炼受益终身的基本功

资源：拜访客户前，先梳理人脉名单

· 程智雄

正式入职保险公司后，面对严苛的业绩考核，新人一般会急着去拜访客户，想尽早签下保单来。

但这种急切的方式不仅效率比较低，也没有针对性。在我看来，新人最先要做的，是去梳理自己的客户名单。道理很简单，你总不能把所有认识的人都谈一遍吧。不妨先对自己的人脉资源做个梳理，找出最有可能成交的客户，再去拜

访，这样才能事半功倍。

具体怎么做呢？其实，各家保险公司都有相应的工具、手册。根据十几年的一线工作经验，我整理出几个需要重点关注的板块和评分系统（见表2-1），帮你综合判断出哪些客户可以直接进行销售，哪些客户还要再等一等。

表2-1　客户情况梳理表

项目	情况	评分
年龄		
家庭状况（婚否、子女情况）		
年收入		
职业背景		
熟悉程度（认识年限＋交往程度＋接近难度）		
转介绍能力		
总分		

第一个板块是年龄。如果采用5分制，25岁以下的客户只能给1分，因为他们比较年轻，经济实力通常不允许他们在保险方面有规划和支出；25～35岁的，通常给3分；35～50岁的给5分；50岁以上的，又掉回3分，因为年龄限制，有些险种他们无法购买。

第二个板块是家庭状况。单身的人责任较小，分值肯定是最低的；已婚无子女者为3分；已婚有子女者可以给到 5 分。

第三个板块是年收入。我们做过相关测算，一张保单的保费金额在客户月收入的一半左右，会比较容易成交。因此，客户的经济状况要达到一定程度，保费支出才不会对他的购买决策产生特别大的影响。

一般来说，年收入 10 万～ 20 万元的，可以给 1 分；20 万～ 30 万元的，给 3 分；而 30 万元以上的是准目标客户，能给到 5 分。不过，这个评分标准还要根据城市的发展情况做个性化调整。

当然，我们都能想到的一点是，收入情况无法直接向客户打听，但可以通过一些信息做推测。比如，你知道客户在哪个单位工作、从事什么职业，客户的孩子在哪儿上学、用什么品牌的东西，等等，就能大致推算出他的收入情况。随着经验不断积累，这种推断会越来越准确。

第四个板块是客户的职业背景。之所以要列这一项，是因为职业会对成交产生影响。举个简单的例子，公务员购买商业保险的意识相对弱一些，因为他们往往抱有公费医疗什么都能解决的想法，虽然事实并非如此。这类人可以打分稍低些。而企业高管、本身从事销售工作的人，包括家庭里的女主人，都是比较合适的销售对象，可以打分高一些。

第五个板块是代理人和客户的熟悉程度。我们可以分成几个维度，综合考量，再给出评分。

一个维度是和客户认识的年限。认识 1 年以内的，客户对我们的信任感比较弱，评分就相对低一些；而认识 3 年以上的，信任感通常建立得比较成熟了，可以给分高一些。

另一个维度是交往程度，或者说交往黏性。只是微信好友，从没见过面的，分值最低；普通朋友高一些；熟人的打分通常最高。但这一点因人而异，比如我会给普通朋友的分数比较高，特别熟的反而低一些。朋友之间太熟、关系太好的话，对方要拒绝你是很容易的；而普通朋友刚好处在一个微妙地带，不太好意思拒绝你。

还有一个维度是接近难度。企业家看似是很理想的销售对象，但接近的难度高，评分反而会低一些。

对于这个评分标准，要辩证地看待。一方面，它是根据概率推算出来的，并非完全符合每一个客户的实际情况。另一方面，代理人要根据自己的情况调整评分。比如，45 ～ 50 岁的人通常是高净值客户来源，他们适合年金、财富传承类产品。但这类人的需求往往比较复杂，新人难以把握，即自己的能力暂时无法匹配，所以给出的分数就要调低一些。

和客户的熟悉程度，建议你先按上面几个维度单独打分，然最后再算一个平均分。

第六个板块是转介绍能力，就是这个客户推荐人（新客户）的能力。影响评分的条件通常有，这个人性格是不是热情，是不是喜欢帮助人、乐于表达，是不是认同保险产品、保险观念，以及是不是有比较广阔的人脉资源。

这里没有统一的标准，你可以根据对客户的了解，自己作出判断和打分。

当你根据表 2-1 梳理完客户情况后，你就对自己现有的人脉资源有了一个比较全面的评价。通常来说，总分在 20 分以上的，属于可以开始接洽、直接销售的对象；而 20 分以下的，可以先等一等，慢慢追踪。

保险代理人一定要长期追踪客户情况，随时更新信息。比如，有的客户今年生了孩子，家庭状况就发生了变化，可能会需要给婴幼儿购买保险。

你以后不断认识新客户，也要用这套方法对其情况进行评分梳理，"梳理名单"将会是贯穿你整个职业生涯的标准动作。

最后，我要强调的是，虽然这里介绍了通行的标准，但你要根据客户的具体情况来打分，要有"运用之妙，存乎一心"

的判断。也就是说，你要具体情况具体分析，不能刻舟求剑。

▌产品：熟练从模仿开始

· 程智雄

　　卖房的必须懂房，卖车的必须懂车，卖保险也一样，吃透产品本身是销售的前提。很多新人以为，自己就着产品学产品，背背说明或 PPT 就可以了，其实不然。我告诉你一个简单但直接有效的方法——模仿。

　　我曾经上过一个养老金产品的培训课，主讲老师个人业绩非常厉害，课也讲得特别好。她讲完后，带我们训练的主管说："明天你们拿我当客户演练一下，看谁演练得最好，有奖励哦。"

　　一听说有奖励，大家都认真学习起来。当天晚上，我对着视频看老师是怎么说的，然后一个字一个字、一遍一遍地练习。练习过程中，我一边背文稿，一边模仿老师的语气——哪里是重点该拉长音，哪里该转折，哪里该停顿，把这些地方一个不落地背下来。

　　第二天早上，我几乎是原封不动地讲出了老师教授的内容，展现了那位老师百分之八九十的功力，演练效果在所有人里是最好的，获得了主管的奖励。

比奖励更重要的是，在这个看似"死记硬背"的过程里，我还找到了老师的核心逻辑，慢慢理解了她为什么要那样说。

比如，老师当时讲了几个要问客户的问题：第一，我们为什么要关注养老金？第二，你认为将来养老要花多少钱？第三，储备养老金有哪些可以用的金融工具？第四，储备养老金的过程中可能会遇到哪些问题？第五，未来你想要什么样的养老生活？第六，你的预算是多少？

我在想，老师为什么这样问？为什么第四个问题不能放在第一个？后来我总结出一点：老师之所以先问"我们为什么要关注养老金"，是因为这是一个需求问题，而需求是我们销售的核心。

一个人买任何产品，内心深处一定有最担心的事情、最担心的人或者最期望达到的目标。找到他对这件事的内心想法是首要目标。

紧接着，老师的第二个问题是"你认为将来养老要花多少钱"。一开始，我觉得她可能只是想跟客户说一下这个事情，但后来发现不是这样的。

比如，有人认为自己养老花不了多少钱，觉得"虽然我年轻的时候一个月花 20000，但老了花 2000 就够了"。实际上，从专业统计数据来看，大多数人退休后每天的花费基本要维持在年轻时的 70%。因为消费是一种习惯，不是想降就马上能降的。你看，这个提问其实是在看客户对这件事的认知是对还是错。

后面第五个问题跟第二个问题相呼应，老师问"未来你想要什么样的养老生活"。有的客户前面刚说完"等我老了每个月只花几千块"，后面又说"等我退休了每个月都要出去旅游"。很明显，他说的数字和期望中的生活有差距。那么，这个提问就是在帮客户找到他忽略的一些核心问题。

再比如，老师之所以问"储备养老金的过程中可能会遇到哪些问题"，是因为她觉得客户没有刻意去储备这笔钱，不清楚自己可能会遇到什么问题。比如，有的客户最大的问题是可能会把这笔养老金提前花了存不住，在思考这个问题之前，他对这一点是缺少觉察的。那么，这个提问就是给客户提前做预警。

为什么老师在抛出产品之前要把这几个问题一一抛出来呢？在我看来，她的整体逻辑是这样的：第一，找到客户的核心需求；第二，找到客户期望达到的目标；第三，找到客户的缺口和误区；第四，跟客户达成共识。

当你明白这个逻辑以后，再去跟客户沟通，即使他们给你的反馈各不相同，你内心也有一条清晰的线索，就不容易被打乱。

通过那一晚的模仿练习，以及对核心逻辑的梳理，我彻底把养老金产品搞懂了。从那以后，我每次拜访客户，都能把产品介绍得特别清楚，这让我当时的件均（平均每单保费）直接从 6000 元提到了 16000 元。那时候，我还是个新人，很庆幸学会了这样的方法，尝到了甜头。后来我把这套方法用在了对其他产品的学习上，效果都很显著。

这里要特别提醒新人的是，模仿高手是一条快速成长通道，其中的关键在于，模仿的同时要加入自己的思考。如果只是死记硬背，那么背得再熟也无济于事。

习惯：每天坚持做三件事

· 程智雄

新人面对业绩的压力，往往认为当务之急是签下保单，而忽视了工作习惯的培养。但我要提醒的是，如果想在这一行干得长久，从一开始就建立起良好的工作习惯比什么都重要。

如果要问什么是保险代理人最重要的习惯，我认为是每天坚持做三件事——拜访客户、服务客户和要转介绍名单。

拜访客户就是约客户出来面谈。但是，这个面谈可不是直接要客户签单，而是跟客户聊一聊，他都上了（或没上）哪些保险、有什么担心的地方，或者你自己的优势、你所在公司的优势，等等。拜访客户，将会贯穿在保险代理人的整个职业生涯中。

服务客户既可以是关于保险业务本身的，比如，客户出险了，你帮他办理赔，或者每年帮客户整理保单，做续期的提醒；也可以是非业务本身的，比如，客户需要挂某个医院的号，你这里有资源，客户生日、重要的节日，你给客户准备一些小礼物，等等。

要转介绍很好理解，就是请客户帮你介绍其他客户。这里要注意的是，即使有的客户还没在你这里签单，但因为你们已经认识，有了一些交情，你也可以让对方帮你介绍客户。

这三件事看似简单，但要每天坚持做其实并不容易。很多新人，记起来了就服务一下客户，隔上一段时间才和人要个转介绍，以这样的频率，资源很快就会枯竭。

从入职起，每天要像打卡一样，将这三件事作为必做的清单，坚持不懈。这样，一个新人的日常工作就会形成正向循环：每天拜访客户，销售技巧得到锻炼，有更高的概率签下单来；良好的服务能加强客户对你的信任，客户自然愿意介绍其他人给你；有了新客户，你就能继续拜访、服务……如此循环往复，资源在流动中被越盘越活，业绩自然不成问题。

新人如此，很多资深代理人在业内干得非常出色，也是因为在这三件事上坚持得特别彻底，十几年如一日。业内有一位"大咖"，业务量多到1个人需要12个助理。他总结自己取得现在成就的原因，就是坚持一件事——"399"，每天拜访3个客户，打9通电话，想办法要9个转介绍。

当然，我不是说新人要像这位"大咖"一样，每天要有这么大的量，但至少每天拜访1个客户，服务1个客户，要1个转介绍，还是可以做到的。

姿态：用心是入门的重要一课

· 程智雄

一提到用心，你可能觉得，什么工作不需要用心呀，还有必要单独拿出来讲吗？但我要强调的是保险行业的特殊性，它是服务业。在服务业，"用心"地服务客户是基本工作姿态。

大多数人能做到的"用心"，就是考虑得周到一点，逢年过节给客户寄礼物，比如中秋节送月饼、端午节送粽子、新年送台历，等等。

但你想想，这是用心吗？不，这更大程度上是例行公事，和群发祝福消息没什么不同。当然，并不是说做这些制式的服务没有用，只是你在做的过程中真正应该关注的不是把礼物送出去，而是用户的真实需求和感受。

比如两个人恋爱，女生感冒不舒服的时候，如果男生只是说"多喝热水"，我认为这就是不用心。而如果男生直接把水准备好，提前试好水温，还加了点蜂蜜，话都不用说，这就是用心。用不用心，对方是能感受到的。

保险代理人也是一样，我们对客户用不用心，客户也能感受到。

为了让代理人体会到什么是用心，我在一年的母亲节做了一次示范。当时，我提前把团队里业绩不错的代理人的档案调出来，按照档案里的家庭地址给他们的母亲各送去一束花，同时还附了一张我亲笔写的卡片，上面是他们上一年和上一季度在公司取得的成绩或收获的荣誉等，并感谢他们的母亲培养出了如此优秀的孩子。

要知道，很多保险代理人的父母都觉得卖保险不稳定、名声也不好，是反对他们做这行的。但收到这份礼物，亲眼看到孩子取得的成绩，父母会十分高兴——孩子不仅有一份不错的工作，还干得相当出色。当时，很多收到花的母亲都发了朋友圈，后来甚至主动帮孩子介绍客户。而这部分保险代理人也因为父母的认可，有了更强的工作动力。

这就是一份用心的礼物能发挥的作用。

如果你要服务客户，要送客户礼物，也要发自内心地关注客户真实的需求和感受。这是保险代理人入行之初要学的重要一课。

心态：正确对待被拒

· 程智雄

对新人来说，正确对待被拒绝，可以说是最需要学习的功课。因为在保险行业，被拒是常态。如果没有做好心理准备，连续被拒之后，新人很快就会变得沮丧、郁闷、生气，甚至开始自我怀疑。那么，正确的应对方式是什么样的呢？

我在带新人时，常常举这样一个例子——女孩逛街。

女孩子逛街买衣服时，总是没目的地到处逛。进一家店，试了脱，脱了试，反复很多次。总算选中一件衣服后，还要和店员讨价还价。要是价格没谈拢，最后还是不会买。或者到网上搜同款，线上下单。

面对这样的顾客，服装店的店员不受伤吗？肯定受伤。他们成交的概率，看起来比保险代理人还低。但他们为什么能一直工作下去呢？因为他们知道，只要店铺开在这里，总会有人买。

其实，销售的本质就是概率。有一个"销售概率学"理论，说的是 9 个有效客户里，会有 3 个对产品感兴趣，1 个购买。这个规律同样适用于保险新人来。

在销售产品时，被客户拒绝是很正常的事情。一方面，客户并不是有意针对你、刁难你，你自己逛街买东西时也会无意识地拒绝销售人员；另一方面，做任何销售工作，从概率上看，都是被拒多于被认可。

因此，保险代理人从最开始就要明白概率，在被拒的时候坦然面对。

▌剖析：在一次次被拒绝中变得专业

·程智雄

面对拒绝，保险代理人一方面要摆正心态，知道这是工作的常态；另一方面要分析，自己到底为什么被拒绝。对此，程智雄老师给出了一套方法。

首先看内因：假设你想请一个客户帮忙做转介绍，给他打了好几个电话一直被拒绝，那你就要想一想，自己有没有做得不到位的地方，之前有没有用心服务客户。如果没有用心服务，人家凭什么帮你？你还要想一想自己用的方法好不好，有没有帮客户减轻转介绍的压力和顾虑，以及你的工作量够不够？要知道，我们怕的不是被拒绝，而是一直被拒绝。

其次看外因：假设你向客户推荐保险产品，一直被拒绝。你可能要想一想找的客户对不对。如果你想卖一个年金保险，却天天找月薪 3000 元的客户，那被拒绝也很正常，因为你找错了人。

最后，新人遭到拒绝不要自己闷着，而要找自己的师父、同事聊聊，问问他们的建议。请相信，那些做得好的前辈经历的拒绝肯定比你多得多。作为保险代理人，你迟早要练就一颗大心脏。摆正心态，分析原因，才能在一次次拒绝中变得专业，变得成熟。

如何开拓客户，才能少走弯路，避开陷阱

掌握了基本功，你马上要面临一个重要任务，就是开拓客户。需要特别提醒你的是，在这个环节，90% 的新人都会踩坑。比如，为了达成业绩，找亲人、朋友帮忙，靠人情做单；看到别人发问卷，自己也赶紧发问卷，至于去哪里发、怎么发都毫无章法；实在没办法了，为了达成指标给自己买下很多没有必要，甚至根本无法续保的保险……

在这个阶段，面对考核的压力，你很容易犯一些典型错误，每一个错误都可能成为你被淘汰出局的关键事件。但是不要担心，在你开拓客户的路上，有行业高手为你保驾护航。他们不仅会告诉你哪些坑不要踩，还会告诉你哪些方法更有效。

我们一起来看看。

▌剥离：对待熟人，要像对待陌生客户一样

· 程智雄

刚加入保险代理人这行的新人通常会先从自己认识的人入手推销保险。但是这种做法常常会让很多人觉得反感。甚至普通人对保险、保险代理人有误解，也是因为总被身边人推销保险，觉得不胜其烦。

那是不是说，正确的做法就是不"杀熟"呢？当然不是。谁说朋友之间不能做生意？只是，要讲究方法。

招人反感的"杀熟"方式通常是，"不买不是朋友""你还不信我吗？我能骗你吗？""要不是咱俩关系好，我才不卖给你这么好的东西呢"——把生意和感情混在一起，生意谈不成，朋友也丢了。

要想跟熟人做生意，得把生意和情谊分开。

把熟人当成陌生人，该怎么跟陌生人谈，就怎么跟熟人谈。这就是"把缘故客户（熟人）当成陌生客户"。

我自己刚入行的时候，并不理解这一点。当时，我约了最好的哥们儿出来，想卖保险给他。我俩好到什么程度呢？在我们都没什么钱的时候，借对方 5000 元都不用还。可当他听说我做了保险之后，直接说了一句："程智雄，你是不是准

备把我们的钱都圈走？"

我就说："今天你借我 6000 块，行不行？"

"行。"

"那你就当支持我，花 6000 块，还能买份保险，以后有什么事还能得到赔付，行不行？"

"不行。"

最后，我俩不欢而散。我又生气又挫败，觉得好哥们儿都不支持、不理解我。

后来我师父对我说："这件事就是你做错了。由于我们自己的工作发生了变化，我们和周围人交往的时候就有了目的性，这对朋友、对我们自己都是一个挑战，需要慢慢适应。"师父批评完我之后，也教了我如何和身边的人谈保险。

于是，我再约这个哥们儿时，会明确告诉他，这次是要谈正事的。谈的过程中，我也压根不拿什么朋友情谊鼓动他购买，而是像对待陌生客户一样，按照专业、正规的流程来。至于正事之外，以前是怎么交往的，现在还是怎么交往，压根不提保险的事儿。

虽然他并没有马上买我的保险，但后来我签的第一个客户，就是这个哥们儿介绍的。那个客户还是他的顶头上司。

对于熟人，还有一个方法，就是把生意撇开，单纯谈情谊。

因为刚开始，新人在销售技巧、专业知识上都不太成熟，难以打动熟人。那就退一步，直接、真诚地告诉朋友：自己选择做这一行是出于哪些考虑，是想长久做下去，而不是玩儿票。但是，现在确实缺业绩，请朋友纯粹支持一下。

但千万不要吹嘘保险有多好，或者拿一些很恐怖的照片给他们看，甚至说"不买保险，下半辈子死得很惨"这种很讨人嫌的话。

单纯靠情谊求助，很多亲友是会帮忙的。但需要提醒的是，这更多是缓兵之计。要想长久地在行业内良性发展，我建议你多使用前一种做法——把熟人当陌生客户，用你的专业去进行销售、服务。

博弈：单次无效，多次才有效

· 程智雄

除了维护熟人客户，我们要花更多的时间、精力在开拓陌生客户上。在开拓陌生客户的过程中，很多代理人会采用在线下的一些场所发放问卷等方式。但在这样做时，代理人往往只重视人流量，而忽略了关键的一点——在这个场景下，你和陌生客户是否有机会进行多次交流。

我入行后第一次碰到客户断档的瓶颈时，前辈说："你要是实在没有客户见，就去路上做问卷调查。"

当时，很多跟我同批加入公司的代理人都选择去公园，因为那里人流量大。但这反而是问题所在——人的流动性太强，就算这次对方愿意做问卷，下次也找不到这个人了。

那什么地方的人是固定的呢？我想到自己住处附近有很多小餐馆。这些店铺是固定的，而且长期营业，就算老板觉得我是上门推销的，很厌烦，他也不能为了躲避我把餐馆换个地方。因此，我只要过去，基本就能见到人。再加上，做小生意的个体商户没有社会保险，他们会更需要商业保险的保障。

于是，我选择去居民区附近的小餐馆发问卷。我在 3 天内完成了 90 多份问卷，其中有 10 多个客户给了我出方案的机会。最后，签成了 5 单。

需要提醒的是，代理人在开拓陌生客户时，一定要选择能够多次博弈的场景，而不要选只能单次博弈的场景。就好比你想到商场里开拓客户，一定要选择店员，而不要选择来商场买东西的顾客。退一步说，哪怕选择顾客，你也要找会长期来这个地方买东西或者吃饭的常客、熟客，而不能找那种偶遇的客人。

▌连接：新人如何更好地介绍自己

·程智雄

很多新人觉得自己资历浅，跟客户讲"我是谁、我能做什么、我能为你做什么"时没有经验背书，不知道该怎么介绍，于是就随便说点什么。这其实是浪费了在客户面前展示自己的宝贵机会。

确实，新人没有经验，这很正常。但是，没有从业经验不代表没有生活经验。你可以换个角度，从自己的经历和生活入手，找到跟客户需求的连接点，展示自己的靠谱度和专业度。

举个例子。我们公司有一个新人，因为生孩子在家待了接近三年，回到职场时，她跟外面的世界有点脱节。有一次跟客户聊天，客户问她为什么来做保险。她很随意地跟客户说了一句话："孩子刚上幼儿园，我现在天天要接孩子，保险公司的工作比较自由，所以就做保险了。"

这个原因是不是她的真实想法呢？是其中一个。但既然进了这一行，她展示给客户的职业态度就不能是这样的。而且，她回答的内容客户完全不关心，甚至有可能因此不选择她当自己的保险代理人。

那么，像这样的新人该怎么跟客户介绍自己呢？后来我问她，你来保险公司的时候，有没有想过为自己的孩子买份保险？她说，肯定想过，而且还专门研究、考察了一番，最后选择了公司的某某保险。

我说，那你可以换一个角度介绍自己，比如可以这么说——

首先说"我是谁"："我是一个新人。加入保险公司之前，我本来也想给自己家孩子买份保险。"请注意，这也是她的真实想法，但这样表达就跟客户就有关系了。

接着说"我能做什么"："当时我问了身边很多人，但还是感觉了解得不够透彻，不知道到底应该怎么给孩子买保险。后来正好认识了我师父，他跟我介绍之后我了解到，这里面涉及很多专业知识，最稳妥的做法可能就是我这个当妈的给自己的孩子当保险顾问。这样最靠谱。"

"后来我选择到保险公司上班。上班以后，每天认真参加公司的培训，也会找有经验的前辈请教，学到了很多知识。

慢慢地，我很清楚应该怎么给孩子购买保险了，在公司给我们家孩子买了第一份保险。我自己就是孩子的保险代理人，谁都不如我服务得好，我是这么想的。这是我当时来做保险的原因。"

最后说"我能为你做什么"："将来您的孩子如果需要购买保险，您也可以找我。我一定会给您一个非常中肯的建议，因为我学保险知识的时候，主要研究的就是这一块。很多客户找我买保险，都是因为我很清楚每个孩子到底适合什么样的保险。"

这样，整个介绍就很清楚了：我是谁？我是一个新人。我能做什么？我能做保险业务，尤其擅长做孩子的保险业务。我能为你做什么？我能像给自己的孩子上保险一样，为你的孩子做一个非常好的保险规划。

所以，新人做自我介绍的时候，要找到自己所知、所感、所经历的事情中跟客户有关的连接点，同时展现自己的专业度。让客户觉得你是一个值得信赖的靠谱的代理人，他才更有可能选择你。

▌积累：别在意保费，而要关注客户数量

·程智雄

因为保险代理人本身是趋利性比较强的工种，所以很多新人会把注意力放在保费上。要么追求签"大单"，要么希望多签一些价格在几千、上万元的保单。总之，要把总保费提上去。

但我认为，新人在入行的前两年，要把主要的注意力放在客户数量上。重要的不是金额，也不是单子，而是人。

具体来说，就是想尽办法拓展客户。在保险公司内部，有很多趁手的险种可以用在拓展客户上。我曾经带过一个新人，她觉得自己业绩不行，很着急。我告诉她，公司里有一些百万医疗这样的小险种，300元一张，能够理赔一年内住院的费用，性价比极高，很容易销售出去。通过这种性价比高的险种，你就可以积累起客户来。

我和她说："你只要一个月能卖出10张百万医疗险，两年下来，就是240张。虽然保费不高，但你积累了240个客户呀！这些人对保险产品有一定的了解，也和你比较熟，你把他们再拜访一遍，怎么会没有新的保单成交呢？同时，你要能卖出240份产品，至少要认识五六百个人，你再把这里面还没买过、但有可能需要保险的人拜访一遍，也会有保单成交的！此外，你还可以让这些人给你提供转介绍的名单。

只要有足够的客户，签下保单就是迟早的事情。"

我们曾经做过测算，一个保险代理人只要在入行前 2 年积累下 50 个真实有效的客户，日后工作上又没有犯什么大错，在这一行立足就基本没有太大的问题。

当然，如果你特别优秀，不用 2 年就能积累下这么多客户，那你自然可以把更多精力用到提高成交效率、保费金额等方面上。

误判：保单数量不等于客户数量

· 程智雄

通过多年的观察，我们发现了一个很奇特的现象：大量表现非常不错，甚至达到了公司奖励标准的新人，反而在入职 6 个月后最先"阵亡"了。这是怎么回事？

了解情况后，我们发现这些人只关注签单数量，没关注客户数量。

我们曾经做过数据分析，发现这类新人前期签约的保单往往只围绕两个家庭产生。第一个月，新人让客户给自己买了保险；第二个月，客户给妻子或丈夫买了保险；第三个月，客户给自己的孩子买了保险。第四、第五、第六个月，换第二个家庭又重复一次。

你可能会问：这里面，妻子、丈夫、孩子不是各算一个客户吗？一共有 6 个客户，不算少呀！

其实不是这样的。在保险行业，客户数量的单位通常是家庭。一个家庭只能算一个客户。这 6 个月，新人虽然签下了 6 份保单，但其实只有两个客户。

因此，你千万不能按照保单数量或者保单受益人的数量来计算客户数。否则，会给自己造成严重的误导：看起来业绩很美好，不去积极开拓新的客户，在半年来临之际，成了第一批倒下的代理人。

基础人脉资源比较丰富的新人，尤其要注意这一点。把关注点聚焦在现有人脉中容易签单的一小群人身上，这本身不算错。关键在于，你有没有想清楚做完这一小群人的销售之后该怎么办。

我干这一行时心里很清楚，我身边有几个朋友，只要我张嘴，他们一定会帮忙。这几个人（每人一家三口）可以支撑我 6 个月的业绩。但与此同时，我也清楚，他们只能支撑我 6 个月的业绩。6 个月后我怎么办？

如果在这 6 个月的时间里，我不去开拓新客户，不去进行真正的销售，不去体验有拒绝、有博弈的真实状态，不去经历心智的磨炼，那么 6 个月后必然会"阵亡"。

我们公司的董事长曾经在讲公司战略时说过一句话，他说："我们要清楚地知道公司这五年吃什么饭，同时要想清楚下五年吃什么饭。"

保险代理人也一样。我们要清楚自己现在的这碗饭在哪儿，同时也要想清楚自己未来的那碗饭在哪儿。

▌避坑：新人不要给自己做单

·程智雄

在开拓客户阶段，新人有一个特别容易掉进去的坑：没客户、没业绩的时候，给自己买保险。

无论你是自己想的，还是受到了周围同事、领导的鼓动，都千万不要这么做。除非你自己确实有买保险的需要，经济上又承受得起。

为什么呢？自己给自己做单，既多了保障，又能完成公司的业绩考核，不是一举两得吗？

实际上，是赔了夫人又折兵。

一方面，靠自己给自己做单充业绩，新人既没有练习到销售技巧，又没有积累下真实有效的客户。就算解得了一时的燃眉之急，对个人发展也没有任何帮助。

另一方面，每张保单需要几千甚至上万元，新人自己都还没挣到多少钱，可能买着买着就交不起保费了。保险公司可不仅仅考核新签单的保费额，还要考核每年续保的情况，如果续保率不达标，新人也要面临被淘汰的风险。

至于为自己增加保障这一点价值，就更谈不上了。要么没钱续保，要么不干了，压根不想续保，哪来的保障？

我在这一行见过太多新人这样做，最终他们都没有什么好结局。如果说在这一行试了几个月被淘汰，已经算是付出了极大的沉没成本，那何必再自己给自己买保险，增加这个沉没成本呢？当然，如果个人确实有购入保险的需求，那就另当别论了。

开拓完客户之后，你就要正式拜访客户了。

拜访客户是保险代理人工作中的核心环节。这个工作看似简单，但要想真正做好并不容易。怎么判断某位客户的成交率是高还是低？打电话约客户见面，说什么话更有把握约到他们？初次面谈，怎么介绍自己才能赢得客户的信任？这些都是你即将面临的挑战。

有句话说得好，成功藏在细节里。在接下来"拜访客户"的职业预演里，依然会有行业高手为你指路，他们会手把手告诉你，那些旁人看不到的、决定成败的细节究竟是什么。

如何拜访客户，才能提升签单成功率

约见：判断成交概率

· 程智雄

很多保险代理人觉得现在大家都用微信，约客户发个微信就可以了。我要提醒你的是，一定要打电话，不能随意发个微信。为什么要强调这一点呢？因为电话约访，能够帮你判断出一个客户成交的概率到底有多大。

如果你在微信给客户发了一条消息，客户 5 个小时后回复一句"好的"，你完全判断不出他是之前有事情在忙，还是勉强答应与你见面。

但打电话就不一样了。当你在电话里告诉客户你是谁、你想找他做什么、见面时要谈什么时，客户的反应是非常直接的。

如果他表现出明显的反感，或者直接拒绝，不用沮丧，你起码知道自己无须在这个客户身上花更多时间。

如果客户接受得比较勉强，虽然答应了和你见面，但感觉也不会很快有结果，你就要放低预期，不要抱着一定要签单的期望，只当是跟朋友吃吃饭聊聊天。否则，花了很多时间却没有成交，自己的心态容易受到影响，也就得不偿失。

客户如果表现出兴趣，你又能成功约访，你就知道他成交的概率比较大。

保险代理人的工作带有销售的性质，要想提高自己的效率，你就要在前期做很多工作，把不适合成交或者成交概率极低的"分母"排除出去。

细节：电话约访的要诀

·程智雄

用电话约客户见面，只是介绍清楚"你是谁、你想找他做什么、见面时要谈什么"，显然还不够。当你判断出这个客户不是完全拒绝的态度后，还要注意很多细节。这样一方面可以提高约访成功的概率，另一方面，也能为你后面实际见面打下一个比较好的基础。

下面是我常用的几个小方法，供你参考。

首先，给客户减压。为了降低客户拒绝你的概率，打电话时要明确告诉客户，面谈不会占用他很多时间，你也不会要求他立刻决定是否购买。否则，客户会觉和你面谈是一件压力很大的事情。

其次，跟客户约面谈时间时，让客户二选一。如果上来直接问客户有没有时间，对方惯常的回答都是没有。但如果你能给客户提供两个选择，比如您是周三下午，还是周五上午有时间，客户就大概率会从你给的选项里挑一个。

最后，向客户要求专门的面谈时间。如果不提出这一点，面谈时可能效率会很低。客户一会儿被电话打断，一会儿被其他事情打断，甚至压根没认真听你讲的内容。如果客户确实很忙，你可以说"只要 20 分钟就好，但请务必给我专属的时间"。

在确定面谈时间之后，还有一个小细节不要忽略——问下客户，面谈前是需要先打电话确认一下，还是直接过去就可以，确保不会对客户造成干扰。

▌逆行：让客户请你吃饭

· 程智雄

电话约访时，出于善意，很多保险代理人常常会说"到时候我请您吃个饭吧，咱们边吃边谈"，或者"谈完估计也快到饭点了，我顺便请您吃个饭吧"之类的。殊不知，这并不是一个好的和客户建立联系的方法。俗话说"无功不受禄"，客户可能会觉得你是为了卖我保险，有求于我，才会对我如此殷勤。

这里有一个沟通上的小技巧，就是主动让客户请你吃饭。你可以说："我过两天正好要去你们公司附近，你能请我吃个工作餐（或者喝杯咖啡）吗？"通常来说，面对这种合理的请求，客户是不好意思拒绝的。想想看，如果换成你，你恐怕也很难抹开面子吧！

我们还曾经对这两种方式做过测试，最后发现：让客户请自己吃饭的保险代理人，90% 都成功了；而主动请客户吃饭的保险代理人，只有 10% 的成功率。

当然，到了见面吃饭的时候，你可以主动去结账，最后再留个伏笔，跟客户说"下次你再请我"。

▎判断：初次面谈的目标是筛选客户

·程智雄

提到初次面谈，很多行内人会说，我们的目标是跟客户建立信任。

可两个人怎么可能在第一次见面的几十分钟内就建立起信任呢？不是说绝对没有可能，只是概率太低了。

那初次面谈的目标是什么？和我们之前做的梳理客户名单、用电话约访一样，目的也是筛选客户，判断客户到底有没有可能成交。否则，对一个压根不可能购买产品的客户下功夫，这不是铁杵磨成针，而是非要撞南墙。

我在这个行业见过太多勤奋但低效的代理人，他们勤勤恳恳地拜访了一堆无效客户，最终一个签单都没见着。

其实，不仅保险行业如此，所有销售行业的本质都是概率。只有先筛选出有可能购买产品的客户，再做销售，才有可能提高成交概率。

那么，什么样的客户要排除掉呢？

一种是无论你说什么都和你抬杠的人。相信我，无论你销售技巧多高，这种人都不要去碰。

一种是高净值客户。他们的需求通常极为复杂，不是新手能够搞定的，硬着头皮上，反而可能把事情搞砸。不过，也可以视具体情况，找师父、主管帮忙分析。

还有一种客户，无论你说什么，他都点头说"好好好""对对对"，完全不反驳，也从不主动提出任何问题。这样的客户也要排除掉。

你想一下，如果你真的对一个产品感兴趣，这个产品的价格又不便宜，怎么可能销售人员说什么你都没有问题呢？我就碰到过一个这样的客户，当时就判断这个人没希望成交。

但团队里有新人不相信这个判断，我就做了个实验，继续和那个客户联络，他也从不拒绝我。直到出了方案后，客户才说"我考虑考虑"。现在，都过去十几年了，他也没考虑清楚。

新人尤其要能识别出这类面子薄、不好意思拒绝人的客户。他们看起来什么都不拒绝，但其实也不会答应，就一直拖着你，拖到你都开始怀疑自己哪里做错了。

浪费时间、无法成交还不算严重。新人碰多了这种情况，被打击到失去信心才是最可怕的。

如果你自己拿不准某个客户究竟合不合适，建议你一定要请教师父或者其他有经验的代理人。总之，一定要尽早作出准确判断，筛选出有效客户。

▍展示：初次面谈的正确打开方式

· 程智雄

第一次跟客户见面，要聊什么好呢？

很多人觉得，当然应该多了解客户，询问客户有什么需求、关心什么风险，等等。但其实，大部分客户并不是很清楚自己到底需要什么，也不知道选择保险产品时特别需要关注什么。因此，你一定要先对自己做一个比较全面的介绍。我们业内叫"三讲"。

哪三讲呢？第一，讲我是谁；第二，讲我能做什么；第三，划重点复盘，讲我能为你（客户）做什么。

接下来，我以自己为例，具体展示下这三讲要怎么跟客户说。

"我是谁"包括个人及公司介绍。但这种介绍不是简单地陈述信息，而是要把自己的独特优势提炼出来。这也是客户和你建立信任并愿意选择你的重要因素。

我的个人介绍是：

我是平安的一名寿险顾问，已经做了 15 年，是公司总部的产品经理。

这是在强调既往经验的丰富性，并用职位为自己背书。

我对自己公司的介绍是：

平安作为一家大型保险公司，非常重视自己的品牌形象，因此对于核保和理赔的体系都是严进宽出的。审核时比较严，但赔付时比较轻松。

我们公司还会提供保险加服务的资源。线上有私人医生问诊服务，可以 24 小时咨询；线下有医疗的绿色通道。还可以提供一些海外的医疗资源服务。

我提炼这两个优势，是因为对于风险保障型产品（如重疾险、意外险等），客户普遍关心两个问题：赔偿做得怎么样？服务怎么样？

至于各家保险公司的具体情况，我没法给出面面俱到的分析，只能提供几个思路作为参考。

一个是从产品类型入手。保险产品大致分为两大类型：一是前面提到的风险保障型产品，二是现金流保障型产品，如养老金、子女教育金的保险。可以参考我前面的示范。

另一个是从公司类型入手。例如，外资公司的品牌形象可能比较好，内资公司有中国银保监会背书，等等。

需要强调的是，无论你选择哪些优势展示，都一定要有用户思维。有的代理人拼命夸自己公司规模大、资产多，但这些跟客户有什么关系呢？规模大、资产多，赔偿时更有保障，这才是和客户利益切实相关的。

"我能做什么"要从个人特性入手，进行归纳、总结。还是以我自己为例：

我服务过很多和您类似的中高端客户，所以相关的经验比较丰富。

此外，我会再加上一点：

我自己每年都会帮客户做保单检视，避免出现客户情况发生变化，保险却没有作出调整的情况。所以我每年都会联系您一到两次，进行专业服务。

有的新人觉得自己资历浅，没有突出的亮点，那么可以强调自己的师父、主管经验丰富，能够提供专业的支持。

最后，在面谈快要结束的时候，划重点复盘，再次强调"我能为你做什么"。例如：

我会根据自己过往比较丰富的服务中高端客户的经验，帮您制定最合适的方案，并且每年为您提供一到两次专业服务。如果您在医疗方面有什么需求，比如需要挂号、看病，都可以联系我，我们公司有覆盖线上、线下和海内外的相关资源。后续也会一直为您提供服务……

要记住，你对客户说的每一句话、强调自己和公司的每一个优势，都不能是自我吹嘘，而要能让客户知道这些东西对他的价值和帮助是什么。

▌主动：优势须说明

· 程智雄

客户同时接触几家公司的保险代理人，其实是非常普遍的现象。那要怎样竞争过对手呢？我的经验是，不仅要把基础工作做好，自己有什么优势也必须展示出来。

我一个徒弟的客户，同时有两家公司的代理人都在接触他。徒弟谈得好好的，客户突然就通过另外一家保险公司的代理人买了保险。后来我陪着徒弟去拜访那个客户。聊着聊着，客户说出了他选择另一家公司的原因："那家的理赔速度特别快，申请之后，赔偿金一天就能到账。"

我听了之后，立刻笑了出来。其实，对于一般性理赔案件，我们公司是能够做到 30 分钟内就到账的。我曾经去一个生病的客户家里帮他申请过理赔。我刚离开他家，理赔金就到账了，前后都不到半个小时。

但我这个徒弟从来没有跟客户说过这一点。这就很可惜。如果是经验、专业性或者销售技巧不如别人，那是自己功夫还需要精进，但忘了介绍自己公司的长处，实在是不应该。

除了理赔速度，多数客户普遍关心的问题还有售后服务好不好，有没有好的医疗资源、绿色通道等。像这样常见的问题，不管客户问不问，保险代理人都应该主动回答，展示出公司的优势。

复盘：面谈之后，一定要"结账"

· 程智雄

我在评估新员工工作时发现，很多新人一个月拜访了不少客户，跟客户面谈时聊得也不错，但只有初次面谈，下一次就怎么都约不上客户了。是哪里出了问题呢？很可能是最后忘了"结账"。

这个"结账"可不是我们平常说的吃完饭付钱的意思，而是我们行业的一个"黑话"。意思是，你和客户进行了一次有效的面对面沟通后，要留出一点时间，把沟通的内容、达成的共识做一下总结，立刻跟客户做个小复盘、划个重点。然后，确认好下次面谈的时间和内容。这样才算一次面谈正式结束。

比如，我约了一个客户面谈，他要给自己的孩子买保险，过程中问了我很多问题，我也找到了客户的需求，跟客户介绍了可以满足他需求的产品。那么，面谈结束时我就要"结账"。

首先，我会总结今天聊的内容，跟客户确认一下我们是不是达成共识了。我会说："今天聊了之后，咱们俩同时认为哪几个险种是必需的，做方案的时候我一定会把它们放进去，这个您放心。"

其次，我会对一些特别需要关注的问题做一个确认。比如说："您跟我说了您孩子的既往病史，这些我也会向公司如实告知。我会提前去做核保工作，之后告诉您核保结果。能不能核保，或者会产生什么不好的核保结果，我都会提前告诉您。咱们及时沟通。"

再次，我会跟客户说明我接下来要做的工作。"我回去会根据您孩子的情况，根据咱们俩聊的内容制定方案，大概需要两天的时间。下次见面我会带着方案来。如果有什么问题，咱们到时候调整就好。"

最后，我会跟客户约定下次见面的时间。"两天以后您什么时候比较方便？咱们可以约一个时间见面。"如果客户说两天以后没问题。我会进一步锁定时间："咱们周三上午或下午都可以。"他说："那就下午。"时间确认好了，接着确认地点："那咱们还在这儿见可以吗？""可以。"这就把下次见面的时间、地点确定下来了。

此外，我还会告诉客户，下次见面只需要耽误他半个小时到一个小时的时间。这一方面可以减轻客户跟我见面的压力，另一方面也是为了请客户给我留出一块相对完整的时间。

这样一个"结账"的流程下来，我完成了几件事：第一，确认这次跟客户面谈之后，双方达成了一定的共识，而不是我想我的，他想他的。第二，确定了下次见面我们要做的事情。第三，确定了下次见面的时间、地点。

如果仅仅是因为没有"结账"就错失了第二次拜访的机会，那就太遗憾了。所以我建议新人特别关注这一点，无论第几次跟客户面谈，都要记得"结账"。

关于拜访客户，有相当一部分挑战都跟"和客户沟通"有关。这是因为跟一般的销售人员相比，保险代理人还面临着一些独特的困境。

比如，当你推荐保险产品时，很可能会听到这样的反馈：

"别总说病啊死啊的，多晦气""我现在还年轻，吃嘛嘛香、身体倍棒，用不着""保险保的都是小概率事件，我不会那么倒霉的"……这时你该怎么办？怎样讲保险产品，既不讨人嫌，还能被信任？接下来的职业预演，我们就请行业前辈带你通关。

如何讲保险，既不讨人嫌还能被信任

┃困境：保险产品的特殊性

·吴洪

和客户沟通时，保险代理人除了要面临各行各业销售的普遍难题外，更大的难题在于，这个产品太特殊了。

首先，保险产品是反人性的。什么叫反人性？一般的广告都是告诉你，有了这个东西，你能变得多么好，但保险通常是在人们发生意外或者不幸的事情时，提供保障的工具。可谁希望自己生病或者出意外呢？你和客户提，你以后得了癌症怎么办，客户会说，你才得癌症呢！

其次，保险产品是不可感知的。大部分产品，付了钱就能拿到手。就算是期房，房地产商也会给你看漂亮的效果图，让你感知到自己买的产品大概是什么样子。但保险交了钱，除了一纸合同，眼下你拿不到任何实际的东西。

最后，保险产品是无形的，没办法试用、体验。大多数产品买的时候可以试用，具体有什么用、效果怎么样都是看得见、摸得着的。保险则不同，它没法试用。你总不能和客户说，这个重疾险赔付非常及时，不信你生个大病住院试试。养老类产品也是类似的，你也不能和客户说，你先老一老试试。

这些因素加在一起，就让保险产品的销售格外难，这也构成了保险代理人这个职业独特的挑战。

▌破冰：从工作到健康再到保险

· 张威华

如果结识了新的客户，怎么跟他们谈起保险呢？是开门见山吗？

我的经验是，除非对方有明确的购买需求，找到你就是为了找一个靠谱的代理人、买一份合适的保险，否则不要直接说。

你可能会问：我总不能一直跟客户聊别的，不提保险吧？这肯定也不成。那怎么办？我给你一个我自己常用的破冰话术。

在跟二三十岁的年轻客户接触时，把工作作为切入点。"你们公司加班的时候多吗？有没有'996'呀？"

如果客户提起最近很忙、总加班、压力大，我就会像跟朋友相处时那样，推荐些我自己会用的减压方式。

"我会下很多冥想的软件，压力非常大的时候，就在家里找一个区域，放些特别安静的音乐，稍微让自己缓个5分钟、10分钟。对于缓解压力，这还是挺有效的。"

然后，我会跳到另一个话题："我认识很多你这个行业的客户，其实他们都挺忙、挺累的。有个客户，去年查出甲状腺结节，现在身体上有很多问题。压力很容易导致这些小的问题。你平时体检的结果都正常吗？如果身体还挺健康，买保险还是挺容易的。对了，你之前有没有买过保险呢？"

先聊工作，然后提怎么缓解，再到健康，接着自然而然地谈到保险。否则，上来就谈保险，客户会有很强的防备心。

▎感知：让风险可视化

· 张威华

你和客户谈保险时，很多人会觉得自己根本不需要。比如，对于 20 多岁的年轻人来说，他们会认为生老病死离自己太遥远，没必要买保险；对于已经实现了财务自由的人来说，他们会认为不需要靠保险来分担未来可能出现的经济压力。碰到这样的客户，保险代理人该如何说服客户，改变客户的观念呢？

保险代理人一上来不用急着用自己的专业跟客户讲道理，比如告诉客户风险是不可预见的，早买能早让自己获得保障；买保险是现在普遍的趋势，穷人富人都会买；等等。这样的说教是无用功，客户根本听不进去，观念也不会有任何改变。

我通常会采取两种做法。

第一，先给客户看图表（见图 2-1），让客户直观地感受到保险的好处。

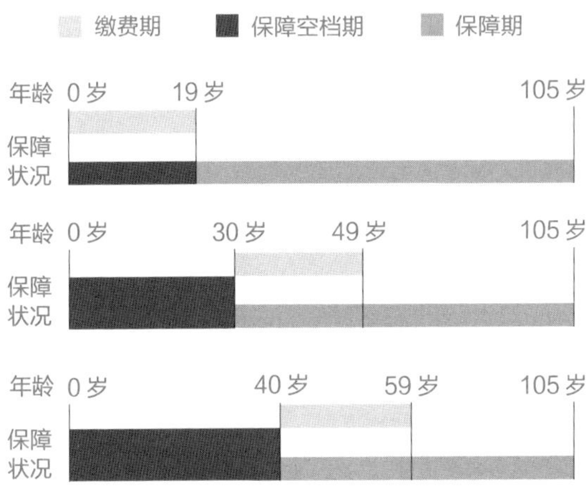

图 2-1　购买保险的保障情况

将这张图摆在客户面前，都不用过多解释，客户就会知道，买保险要趁早，因为买得越早，保费交得越少，未来获得保障的期限还越长。

第二，和客户一起畅想一下未来，然后给客户算一笔账。

很多人虽然不愿意买保险，但愿意想象未来的美好生活。

将来越来越多的人会拥有百岁人生。这也意味着从 60 岁或 70 岁退休到 100 岁，我们将有 30 ～ 40 年的悠闲时光。你可以问问客户这几十年他希望过怎样的生活，然后借助简单的计算工具，输入客户的存款、投资收益等财务数据，再结合通胀情况，帮客户算算过上理想的生活需要多少金钱上的支持。

虽然每个人对未来生活的品质和要求都不一样，但我们会发现，每个人眼前的财富水平和理想生活之间都是有落差的。我自己算完这笔账之后就吓了一跳，未来想过上衣食无忧、环游世界的生活，还需要很大一笔钱呢。

直观地感受到这些数据后，客户就会有动力填补现实和理想之间的窟窿。这时你再跟客户说保险能帮到他，之后买保险的事情就水到渠成了。

生活中每个人的具体需求固然不一样，但是终究不会离开健康、财富增值、传承等方面。如果我们能够在这些方面给到直观的数据，将风险可视化，让客户感知到不是我不需要保险，而是很多风险我没有考虑过和意识到，那么客户自然会转变观念，积极借助保险来满足自己的需求。

说服：保险是对冲事件风险的工具

· 李璞

很多人觉得保险代理人就是个销售，不少保险代理人自己也这么认为，所以难以和客户开口。但其实，保险代理人更是现代风险机制的教育和传播者。什么意思呢？

我们知道，保险是一个用现在的钱对冲未来风险事件的金融工具。但你要让客户感知到这一点，还是需要去告知、去说服他。

比如，你可以告诉客户，虽然叫风险，但很多事情是可以预测会发生的，这些事情发生的时间也基本是确定的。比如，每个人都有退休养老的时候，男性通常是 60 岁退休；有了孩子的话，孩子到了 18 岁基本都要上大学。

如果客户先估计一下未来需要多少养老费用、教育费用，就可以倒推出，从现在起，使用什么样的保险产品、购买多少额度的保险，等到退休和孩子上大学的时候能获得足够的现金。

你也可以告诉客户，保险可以对冲健康风险。假设客户的父母都有糖尿病，客户很担心自己未来也会发病，那我们根据客户父母两人发病的年龄，推算出 20 年后，客户会有发病的隐患。而糖尿病是种慢性病，需要长期治疗，一个月可能得支出一两千元。但这种病不需要住院，社保能够报销的额度很有限。那就可以现在设置一个保险的年金账户，结合治病的费用、通胀的情况，做一个规划。可能现在一个月存几百元，20 年后，每个月就能领到一两千元，足够支付糖尿病治疗的开销。

很多客户觉得自己只要不发生意外，就不需要买保险。

但其实，保险所说的"风险"，很多都是注定会发生的。保险代理人肩负着为普通家庭传播正确的保险观的使命，让更多的人了解、使用保险这个工具，来对冲未来面临的风险。

感动：一个好故事，胜过千言万语

· 吴洪

我们知道保险是无形的、不可感知的、和直觉相悖的，因此，你和客户说"你将来如果得了癌症，没钱看病，可能会拖累家里人"之类的话，很多时候会引起反感。而且，对于并没经历过重病的人来说，无论你讲多少道理，他们都很难感同身受。

要令他们意识到保险产品的功用，讲故事是一个很好的方式。

我曾经跟日本的一位保险"大神"齐贺资和面对面交流过，他有一个讲了十多年的从业故事，凭着这个故事，他在日本做到了销售冠军。

当年，他刚毕业，在一家公司做销售。有一天等红灯时，碰到同公司的前辈，前辈邀请他一起打车去公司。通常情况下，打车费是要两个人 AA 的，但是这个前辈很热心，付了全部费用，还对他说："你刚来不久，第一次打车，我来请你。等你日后成了前辈，也要这样对待新人呀！"这件小事，令他对这位前辈留下了深刻的印象。

可没过多久，这位前辈就因病身故了。在葬礼上，他看到前辈才几岁的女儿哭着喊爸爸，太太泣不成声，觉得这家人可太惨了。而前来吊唁的亲朋好友虽然说了很多安慰的话，但没有一个人提供实质性的帮助。

后来，他得知这位前辈身前买了保险，家人拿到了一笔不菲的赔偿金，心里才好受了一些。同时，他也意识到为什么说"保险是雪中送炭"。于是齐贺资和辞了职，转去保险公司做代理人。

当然，他的故事讲得非常生动，讲的时候在场之人无一不动容，我只是记了个大概。这个为何加入保险业的故事，特别好地解释了保险的价值。齐贺资和每次遇到新的客户都会讲，一直讲了十多年，也因此成为日本数一数二的代理人。

如果你也有类似的经历，或者看到身边有这样的理赔故事，也可以讲给客户听。相比于直接提醒风险，这样讲客户会好接受得多。很多时候，一个好故事，胜过千言万语。

匹配：见什么人，谈什么产品

·张威华

见到客户以后，不少新人会想方设法把所有产品，特别是公司的明星产品推荐给客户，结果发现效果并不好——说了很多，客户还是一个都没买。正确的做法应该是见什么人谈什么产品，有针对性地推荐产品，做好客户和产品的匹配。具体怎么做？

第一，面对 25 ～ 35 岁的单身客户，推荐健康 + 储蓄类产品。

25 ～ 35 岁，没有结婚，也没有孩子，这类人很可能处于事业拼搏期，特别关注健康，所以我会聊更多关于工作压力、健康的话题，推荐健康类保险。另外，还可以聊强制储蓄。虽然现在很多年轻人存款不多，但我会普及一个观念，就是你可以拿出月工资的一小部分做理财，很多钱其实是被不小心花掉的，那还不如买一份保单帮自己强制理财。

第二，面对 30 ～ 40 岁，有家庭和子女的客户，推荐教育 + 健康类产品。

30 ～ 40 岁，有家庭，有子女，这类人要么孩子刚刚出生，要么孩子已经上小学，重心大概率放在孩子身上。所以我会先以孩子为切入点，聊孩子的教育，让家长知道，现在准备教育基金，未来孩子就能有资本去更好的高校求学。另外，我还会告诉家长一个观念：买保险一定要先配置大人的，再配置小孩的，因为大人是孩子的天，天如果塌了，孩子有再多保障也没用，所以大人也需要买好健康类保险。

第三，面对 40 ～ 50 岁，事业有成型客户，推荐理财 + 养老类产品。

40 ～ 50 岁，比较成功的人可能会更关心财富传承，以及退休养老规划。首先是财富传承问题，尤其是家里有几个孩子的，我会跟他们普及，其实不用担心分家产这件事，买一份理财保险，万一将来身故，可以用类似于信托的方式分配家产，是一次性平分，还是每年每个月每个孩子按多少比例分，都能自己定。而退休养老是刚需，可以很自然地聊到，然后为客户推荐养老类产品。

当然，这是在你不了解客户的情况下通行的做法。等你对客户有了深入的了解，你就要根据他的切身需求，做有针对性的推荐。

▌认可：如何面对"比较型"客户

· 程智雄

你在向客户推荐保险产品时，可能会发现他已经接触过几家保险公司的人了，他会抛出"×××的服务感觉比你们更全啊""同样的重疾险，你们的价格这么高，和×××差出这么多"之类的说法。面对这类客户，保险代理人该如何应对？

直接说"您理解错了，根本不是那样的"，然后再介绍自己公司的优势吗？如果这么做，大概率会让你和客户变成针尖对麦芒的关系，甚至还会把客户弄跑。

遇到这种情形，我建议你先认可客户的观点，然后再向客户表达你想要说的内容，也就是采用"yes, and……"的句型。比如，"那家保险公司确实很好，在行业内发展好多年了，产品多样，服务也很好。但我们公司也不差，您也可以听听我的介绍，两边做个对比……"

对客户来说，这样的回应才是友好的。通过这种先认可、再转移到正题上的方式，客户才愿意给你机会和时间。否则，客户不是跟你对立地争吵起来，就是根本什么都听不进去。

▌聚焦：别被客户带着跑，关注核心诉求

·程智雄

和客户沟通时，不少保险代理人都是客户问1，他就解释1。这样的做法看似是为客户答疑解惑，实则是一直被客户牵着走。面对这类问题，我的建议很简单：关注客户的核心诉求是什么。

我曾经有位客户是一名律师，当时他家里有人生病，本来就有买保险的刚需。但出于职业习惯，在我介绍完产品后，他一条一条指出了合同中存在哪些问题。在这种情况下，如果我就着条款和他争辩，那是班门弄斧，结果可想而知。

我知道，这位客户的核心诉求是通过保险来解决家里的问题，于是跟他表达了一个观点："任何合同都可能有漏洞，无论它是多牛的律师起草的。但你花钱买的不是漏洞，而是权利。这些权利都是实打实的，如果符合你的要求，你就可以买。"之后，这位律师考虑了一会儿就把保单签了。

我说出这样的话不是因为我对保险产品有多透彻的理解，或者我的表达技巧有多高超，而是因为我知道，如果我急于解释条款，就被客户牵着鼻子走。我沟通的重点应该是，保单提供的权利能不能为他提供适合且足够的保障。如果答案是肯定的，就满足了他的核心诉求，其他只是细节而已。

▌解释：如何应对客户质疑

·张威华

在跟客户谈保险方案的时候，客户常常会对一些条款内容有疑问。很多保险代理人把自己当成了公司或者产品的"辩护律师"，拼命澄清或者辩驳。虽然讲的内容都是事实，但这种方式会让客户觉得，你在教育他，或者在跟他对着干。

那正确的方式是什么呢？仍然用"yes, and……"的句型，先肯定，再解释。

举个例子。现在有很多内地客户到香港买保险，而港险有一个规定，吸烟人群在购买寿险、健康险时，要缴纳的保费会比非吸烟人群高 20% ～ 30%，但客户常常对这一点不太理解。

一般的代理人会说，这是基于某某规定来的。而我会说："确实，吸烟的话，保费要高不少呢！我之前也对这个要求挺纳闷的，然后就法跟公司核保部门，还有公司合作的医生请教，这才知道保费金额的制定，是按照疾病的发病率、死亡的发生率等大数据来算的。从大数据看，吸烟人群的发病率确实要比非吸烟人群高一些。所以，从合理的精算的角度来讲，他们会把吸烟的风险放到里面考虑，保费自然而然会贵一些。"

这样解释完，客户通常就不会觉得这些条款制定得不合理了。

最后，你还可以补充一下："其实您也不用太担心，就算是吸烟人士，只要您未来戒烟超过一年，尼古丁测试也没有问题，我们就可以把您的保费调到标准范围内。吸烟毕竟有害健康，如果您真的打算戒烟，不仅对自己身体好，还能省一大笔费用呢。"

▎拓展：面对客户提问，提供额外信息

· 张威华

"我有点担心，再过几十年，你们公司会不会倒闭啊？"相信绝大多数保险代理人都遇到过这个问题，一般代理人会回答："您放心，不会的。"

但这样就够了吗？客户真的会相信你吗？我的建议是，一定要提供一些额外信息，比如公司的历史、优势、地位等。

比如我会这样说："您看，我们公司已经有 170 多年的历史了，它之所以世界闻名，是因为做过很多创举。'一战''二战'死伤人数二三十万，我们一一做了理赔。那个年代，理赔由战争引起的伤亡，在全世界都是首创。之后泰坦尼克号出事、戴安娜王妃出车祸，事后都是由我们公司理赔的。

"到现在，我们公司连续 10 年业绩排全港第一，让我们特别骄傲的是偿付比例，您可以把它理解成一家保险公司的偿付能力。在香港，保监会要求最低偿付比例是 150%，一般保险公司能达到 200%～300%，而我们超过 500%，所以公司财务状况非常好，您尽管放心。"

很多时候，客户问了一个点，我们可以从很多维度回答，这样不仅可以赢得信任，还能展现自身优势。

▌提示：重要的事情坚持用电话沟通

· 程智雄

有时候，我们会有一些事情要和客户沟通，但这些事情并没重要到必须把客户约出来面谈的程度。通常，我们会在微信上说："有事儿想跟您说一下。"但客户常常在忙别的事儿，回一句"你先留言吧"。

你可千万不要真的留言。这类事情并没有简单到能用三言两语说清楚。说得少了，客户不当回事儿；说得多了，客户难以理解。

我见过两个比较极端的说得多了的例子。

一个是我们的代理人给客户留了 15 条 60 秒的语音。你想想自己要是看到这样的留言，会点开来认真听吗？

还有一个是我的客户的前代理人，经常给客户发长篇大论的文字，而这个客户本身又特别不喜欢阅读东西。他告诉我，有一篇微信消息长到他看了 3 次都没看完，因为每次看到一半就睡着了。

正确的做法应该是，客户说有事儿，你就说一句："您先忙，等您有空了，我再联系您。"然后，专门给客户打个电话，跟他沟通。

很多代理人会觉得，微信上说事情多方便呀，还能减少对客户的打扰，但我要提醒你的是，比较重要的、业务上的事情，一定要坚持用电话沟通。

训练：不敢给客户打电话怎么办

· 程智雄

关于给客户打电话这件事，很多新人有个误区，就是总觉得客户全都不愿意接我们的电话，所以就不打了。其实这是不对的。即使这个客户不愿意接，也总有另一个客户愿意接。真正阻碍我们把电话拨出去的，是我们自己不敢打。

是的。我做了这么多年保险代理人，现在每次给客户打电话之前，仍然要做一番小小的心理斗争。当然，一些天赋型的代理人就没有这样的困扰。如果你也是不敢给客户打电话的类型，该怎么办呢？我有两个好用的小方法。

第一个方法是，给自己留个小作业。在入行初期比较害怕打电话的时候，我会自己留一个小作业，用来训练自己的心态。这个作业是"今天只打一通电话"。如果一天只打一通电话，那有什么好担心的呢？压力一下子小了很多。

打了这通电话以后，我发现，有时候我准备了半天，客户根本就没接电话。有时候我设想了很多问题，客户根本没有问，他就正常接了一个电话。所以打这个电话其实没什么，打一通就好了。有了这种心态之后，你可以连着两天、三天左右都每天只打一通，然后逐步给自己加大打电话的量，这样慢慢就能适应了。

第二个方法是，你可以在打电话的时候，约上几个同事一起打，人多就没那么害怕了。比如，我们约好今天集中给客户打电话，跟客户沟通下周的工作安排，约下周的见面时间等。打完电话以后，大家互相交流交流，讲讲方法，然后接着打。在这种工作环境下，你的心理压力也会小很多。

无论是给自己留作业，"每天只打一通电话"，还是约同事一起打电话，本质上都是先行动起来。重要的是，不要在行动之前就被自己的想象吓倒。

到这里，你已经过关斩将，完成了"新手上路"阶段 70% 的挑战，了不起。如果你感觉有点累，可以稍微歇一歇。因为在新手阶段接下来的职业预演里，还有 30% 的挑战等待着你。

比如，怎么给客户出保险方案，说服、引导、促使他们签单？怎么打动利益相关人，扫除看不见的障碍？怎么通过各种可能的方式获得转介绍？

你可能看出来了，要战胜这些挑战，依然需要付出巨大的努力。请做好准备，我们一起迎接它们。

如何出方案，说服、引导、促成客户签单

▎补充：出保险方案的两个原则

· 程智雄

提到给客户出保险方案，你可能会觉得这是一件非常复杂、专业的事情。一个新人，是不是很难快速掌握呢？

其实并不是，你只要把握住两条核心思路就够用了。

第一个思路是，对客户的保险责任进行分析。简单来说，就是了解客户之前已经有了哪些保障。比如，有社会保险，公司有补充医疗，甚至客户自己还买过某些商业保险，等等。

客户已经有的保障你可以不用管，只要把他缺的部分加上就行了。如果客户是没有社保的"个体户"，你就得从零开始算，把他可能遇到的风险都考虑在内。

第二个思路是，产品价格要匹配客户的预算。

假设按照最完善的保障方案来算，客户需要交 10 万元的

保费，但他的预算只有 3 万元，你可以先按照 3 万元给客户制定方案。

我就碰到过一个这样的客户。他的经济条件不错，按照完善的保障方案，他需要 10 万元的保费支出。但客户当时刚买了学区房，需要还贷，3 万元就是他的上限了。我就跟他说："我先按照 3 万元的预算给你做方案，但要是可以足额，肯定更好。不过不急，等以后合适的时候，再慢慢加够就行。"

总体来讲，根据客户的预算补充上他缺失的保障，是出保险方案的基本思路。至于其他的一些细节，就要视各家公司的产品具体来定了。

回顾：确认与强化需求

· 程智雄

到了给客户展示方案的环节，很多保险代理人会开门见山，就着方案本身去跟客户讲。我建议，不要急着呈现方案，而要先就着之前谈过的内容，给客户做一个简单的回顾、复盘。

这样做，一方面是确认你和客户之前达成的共识没变。

否则，客户需求都变了，你的方案做得再好也白搭。另一方面是再次强化客户的需求。否则，之前被调动起来的购买意愿，经过一段时间后已经没那么强烈，你这一次讲得再好，客户也可能不会太被打动。

在这里，我有几个话术供你参考。

首先，你要跟客户说："上次跟您聊完后，我回去仔细考虑了下，觉得您最关心（最担心）的是……"

如果客户没否定，你再说第二句话："在了解清楚您现有的福利保障体系后，我觉得您最需要的是……"

然后，你再看一下客户的反馈。如果客户还是没什么问题，你最后再说："那么，在制定方案的时候，我针对了……几点，制定了……样的方案。"

最后，还有一个小细节，就是客户可能会对某种疾病特别担心。比如，我碰过一个客户家里人有糖尿病史，他特别担心自己日后会得糖尿病。我当时就多做了一点："刚好我们公司可以对肝肾疾病做单独的加强，我知道您比较担心日后会得糖尿病，就把这一块的保额比重加高了。"

当然，这一点并不适合所有公司的产品情况来定，要看具体情况。但上面三点，是每个保险代理人都可以参考的话术。

触动：呈现保险方案，可感知比专业更重要

· 程智雄

保险代理新人在给客户解释投保方案的时候，大多会照着公司现成的说明书念一念，稍微用心一点的，会把产品的资料梳理一下，做成PPT，但抛出的信息都是让客户听了一头雾水的概念，以及一些专业性的规定、条款。客户根本听不懂你在说什么，更别说认同你的方案，在你这儿买保险了。

正确的方式是什么样的呢？是用可感知的方式，向客户做出简单、易懂和准确的解释。

具体来说，第一步是戴帽子。你首先要让客户明白，投保方案是基于他的具体情况做出的最合适的方案。而且，表达时要尽量避免逻辑式的分析，要用感性的表达。

比如，在碰到和我本人情况相近的客户时，我就会说："我给您出的方案和我自己现在买的保险一模一样。"这样，客户虽然不清楚方案具体是什么，但至少能感性地认识到这个方案的可靠性和周全性。

再比如，想要证明自己设计的保险方案很好，我会说"我方案里涉及的两个产品，都是我们公司的明星产品""我们公司99%的代理人都给自己选择了这款产品"，等等。要知道，打动客户的，往往是这种"可靠"的"感觉"。

　　紧接着，第二步是利益讲解。同样的道理，在跟客户讲解保险产品的利益时，也不要直接念保险合同中的条款，而要用举例子、打比方的方式，让客户明白这款保险到底能给他带来什么利益。

　　比如，一款意外医疗保险产品规定"意外医疗住院报销比例是 80%"，如果你直接告诉客户这一条，客户可能什么信息都没接收到。我在说明类似规定的时候，会举一个真实发生过的其他客户的案例——我有一个客户因为意外住院，医保报销完之后，还有 5000 元需要自付的医疗费用。因为他在我这里购买了意外医疗保险，保险支付了剩下的 5000 元，客户基本上没为住院花钱。这种感性的表达方式显然比读条款容易让人理解。

　　第三步是预演未来。很多客户其实都明白"保险产品是对未来风险的一种保障"，但有时候即使你磨破了嘴皮，他也不愿意购买。这很可能是因为除了理性的分析外，你没有找到触发他情感的需求点。

　　遇到这种情况，保险代理人可以先带着客户想象一下买了某个保险产品之后生活是什么样的，他会如何通过保险得到保障。比如，我常跟一些和我年纪相近的客户说："你算算，等到退休后，社保每个月能给我们发多少钱？如果买了商业养老保险，未来又能给我们补贴多少钱？到时候，我们想去哪儿旅游都不是问题，也不会给孩子增加负担，甚至孩子事业上需要支持，我们还能补贴补贴……"这种围绕客户情感上的关注点、担忧点进行的沟通解释，是不是比千篇一律地讲大道理或读条款来得更有效？

所以，呈现保险方案时，可感知比专业更重要。

▌主导：不是客户问什么，你就要答什么

·程智雄

在给客户讲解方案的时候，经常发生的一个状况是：你正在讲 a，客户问你 b 或 c。大部分保险代理人都会下意识立刻回答，觉得这才是服务客户的正确做法。

但是，我想告诉你，如果想签单，千万不要被客户带着走，而要主导整个讲解流程。否则，客户一个接一个问题地问，你只顾着应付眼前的问题，最后却忘了自己到底要跟客户讲什么、要怎么说服客户购买。

碰到这种情况，我通常会说："稍等一下，我先把方案整体介绍完，您有什么疑问我最后一起解决，这样您也能了解得比较清楚。"

其实，很多时候，当你把整个方案讲解完后，客户的那些问题自然就被解决了，或者他压根儿就想不起来了。这样一来，你就能很顺畅地进入下一个环节——引导客户签单。

促成：敢于引导客户签单

·程智雄

有的新人见了很多客户，方案也做得不错，就是久久没能成交。是因为面谈过程中出了什么问题吗？是没有找到客户的购买理由吗？还是做的方案客户不满意？其实都不是。问题在于，他们不敢让客户签单。

我曾经带过一个徒弟，他做了 3 个月，可一个成交的客户都没有，最后心灰意冷，辞职了。离职前，他把所有客户移交给一个跟他关系不错的同事。没几天，这个同事唰唰唰签下了十几单。我看到后觉得很奇怪，就去问怎么回事。

接手的同事说：我一见面就去问客户，"之前 × × × 给你做的方案，有什么不满意的地方吗？是不是需要调整？"客户都说没问题。我就问，"那你为什么不买？"客户说，"他从来没让我买过啊。"而我一说让客户签单，他马上就签了。

很多人以为，保险代理人的心理障碍在于不敢对陌生人张嘴推销东西，其实，他们还有一道心理障碍是不敢直接让客户购买产品。

事实上，保险代理人让客户签合同、买东西是理所应当的，尤其是当客户既有需求，又对你制定的方案感到满意时，你一定要敢于张嘴，引导客户。否则，做了99%，却折在了临门一脚上，难道不可惜吗？

这临门一脚在保险业内有句行话叫"促成"。具体怎么做呢？代理人可以在沟通的各个环节促成。比如，在介绍"我是谁、我能做什么"的时候，你感受到客户对你有一定的认可，就可以直接说"如果您有买保险的需要，随时可以找我"，这就是一次促成。再比如，进行需求分析的时候，你发现客户最担心的重疾是癌症，而公司刚好有一款能多次或双倍赔付癌症的产品，就可以直接说"您买这个产品就可以"，这也是一次促成。

你看，促成未必要等到呈现完方案才做，你可以在整个沟通阶段，不断找机会促成。

呈现完方案后的促成在保险业有个专有名字叫"带流程"——把客户带到签单的流程里面，这里也有很多常用的技巧。

比如，询问客户常用哪个银行的银行卡。"您用 ×× 银行的卡比较多是吧？正好我们公司和 ×× 银行有合作，只要卡内有一定金额，您点开我发的这个链接签个字，就可以直接划账承保了。"如果客户这时说"等一下，我还有个问题"，那就先处理问题。但不要害怕去促成。

再比如，在客户已经认可了你的方案，却习惯性犹豫时，你要给客户正向引导。有些险种要求客户先做健康问卷，没有既往病史才能买。很多代理人会这么问："您是否有 ××× 病史？""否。"一直"否"。等到签字那一刻，客户说"等一下"。而我会这么问："关于 ××× 类疾病，您以前有没有问题呢？""没问题。"一直"没问题"，等到签字那一刻，客户很可能也说"没问题"。

这看上去可能有点像套路，但对容易犹豫的客户来说，正向引导是很关键的。

总之，无论是呈现方案前还是呈现方案后，敢促成才有机会签单。

▌算账：客户需求，客户自己也未必清楚

·吴征宇

很多人在销售保险产品时，因为抱着销售的目的，要么推荐客户多买，要么不管保额能否满足客户的实际需求，只要能成交就行。这种做法，对客户肯定是不负责的，对我们自己其实也没有好处。一方面，如果你计算少了客户的实际需求，就损失了成交更大保单的可能性；另一方面，如果客户将来出现什么问题，发现自己买的保险不够用，对你就不会有信任可言，更谈不上什么给你转介绍了。

我建议，在设计保险方案前，一定要先深入了解客户的需求，把每一种可能性都帮客户算清楚。

这里，我以孩子的教育费用为例，简单示范下怎么做。

假设客户家的孩子快上幼儿园了，北京的公立幼儿园每个月学费大致在 1000 元——但这只是教育费用的一部分。此外，孩子还要上 3 ～ 4 个兴趣班，周末和寒暑假还会有夏令营、冬令营等活动。我沟通过很多客户，算下来，在幼儿园阶段，一年在孩子身上花的钱就要 15 万元。

很多客户看到这个数字就惊呆了，他们从来没意识到孩子的花销如此之大。但其实，这些项目和费用都是客户们告诉我的。

　　而再往上，小学、初中，上公立的还是私立的，国内读还是国外读……把这些都计算完以后，我们再跟客户讨论、评估，基础教育的费用怎么解决；如果孩子要出国读书，费用怎么解决，按照明细一项项来。最后，才能说我们给客户出了一个比较完备的保险方案。

▌变通：要实现目标，有多种手段

· 吴征宇

　　我们在帮客户设计保险方案时，无论考虑得多么完备，免不了会遇到一个问题：客户的预算和完备的保险方案无法匹配。简单来说，就是能拿出来买保险的钱没那么多，怎么办？

　　我碰过一对夫妻，预算只有 1 万元，对应的重大疾病保费在 40 万元左右。而我给他俩测算出需要 100 万元左右的保额。差的这 60 万元的额度怎么办？夫妻俩总不能压缩别的开销，来凑保费吧？

　　设计文案时，我给他们加了一些消费型的重疾险。这些产品并不贵，只是客户不生病的话，每年交的保费会被消耗掉，不退本金。但是，这种产品对应的保额高。这就既能给到客户足够的保障，又不会增加太多的经济负担。

后来，这对夫妻中的妻子，得了重病，拿到了百万元的理赔金。

在你拜访客户的过程中，除了正确地沟通、给出方案，客户本身也是影响签单的决定性因素。换句话说，你正在沟通的保单，最终负责拍板的人是谁？即使不负责拍板，但对签单成功与否有重要影响的人是谁？这些跟"人"有关的问题你都考虑过吗？如果忽视这些问题，哪怕把产品讲得再好，方案出得再周到，也会事倍功半。

如何打动利益相关人，扫除看不见的障碍

挈领：找到做决策的那个人

· 程智雄

我带过一个徒弟，他三番五次碰到同一种情况，就是把保险方案给客户做出来了，客户说一句"我回去考虑考虑"，之后就石沉大海，再也联系不上了。

是方案做得不够好吗？是没有满足客户的实际需求吗？都不是。是找错了人。

这个徒弟联系的客户，压根儿不是家里能做主拍板的那个人。这就好比"找爷爷说孙子的保险，最后父母不同意"，症结在于没找到正确的决策者。

通常，在了解了客户的基本需求之后，我会先打听一下："这种事情（买保险），一般家里谁说了算呢？我们家都是我老婆做主，不知道您是自己就能决定，还是交给太太管呢？"

如果客户自己能决定，那就继续谈下去。

如果客户说是妻子管的，我就会追问："那要不要叫上嫂子一起聊聊呢？或者您跟她打个招呼，我单独拜访一下。"

如果是两个人共同决策，更要把夫妻双方约到一起讨论。

如果一开始就找错了人，就算你一次次拜访客户，连方案都设计出来了，付出的大量时间、精力都会成为无用功。

▌兼顾：别忽视另一半的影响力

·程智雄

跟客户谈方案的时候要找对决策人，同时也要注意到，不实际拍板的一方对最终决策人的选择也会有重要影响。

我曾经碰到一对要买保险的年轻夫妻。当时女方收入比男方高一些，夫妻俩咨询我两个人的保单额度应该怎么设置。

有些保险代理人会想当然地说出"经济支柱更重要，应该多买"这样的话来。

但我没有。我先分析了男方和女方未来的工作模式、收入模式和家庭模型：一方面，两个人都很年轻，男方还有很大的潜力，是"绩优股"；另一方面，如果未来抚养子女，女方或多或少要向家庭靠拢，投入到家庭中的精力要更多一些。所以，不能用当下的收入状况去评估家庭未来发展的可能性，并以此设置保额。

接着，我对他们说了这样一段话："你们俩搭伴过日子，彼此之间是平等的。一个人出了事儿，另一个人肯定也要承担，所以我认为对两个人的保护要一样。"

说完之后，我立刻感觉男方对我的态度不一样了。后面我在讲产品的时候，他几乎没认真听，都交给女方决策。这是因为他的自尊心没有受到伤害，对一切都放心了。否则，如果我站到他的对立面，他回家后会用 100 种方法阻止妻子在我这里买保险。

后来我得知，他们之前接触过的代理人就是建议收入高的一方多配置保额，最后没能签单。

因此，新人一方面要明确知道谁是决策人，另一方面也不能忽视那些虽然不做决策但会对决策产生影响的人。

▌对症：分别找到购买理由

· 程智雄

一份保单是对一个家庭风险的规划，所以，保单通常不是一个人说了算，很多时候需要家庭成员共同决策。面对这种情形，我们要分别找到这些决策者，逐一解释属于他们的购买理由。

有一次，我看到我师父的寿险该加保了，就找到师傅，和他说："师父，您花了 10 年时间才把咱们团队建设成这样，多不容易呀！而且，您在团队里的作用是没有人能替代的，如果哪天您真的生病了，没法带我们了，这个团队岂不是很容易就散了？我建议您给自己的寿险再加些保，这样就算身体出了问题，至少您还可以用理赔的钱找个职业经理人先帮您打理着，维持团队的经营。这也是您作为团队领导人的责任哪！"

对于师父这样敬业的人来说，这个理由已经足以说服他加保了。但这件事并不是师父一个人说了算的，他需要和师娘共同商量后才能决定。给师父的购买理由对师娘来说没有什么说服力，为了让师父把保障加够，我还需要找到让师娘信服的理由。

我是这么和师娘说的："师娘，如果师父能够顺利干到退休，家里的经济收入自然不成问题。但如果师父生了什么大病，没法工作了，您和孩子的吃穿用度就可能会受到很大的影响。所以，您的责任就是保护好我师父，我建议您给师父的寿险加保，这样即使有什么突发状况，也还是可以保障您和孩子的生活。"

师父最关心工作、团队，而师娘更在意生活品质和孩子，我分别从他们各自的需求出发来沟通，就更能打动他们。

由小见大，虽然是一份保单，但是作为保险代理人，我们还必须考虑能决定是否购买保险的隐性共同决策者的因素。

有一个和拜访客户一样，具有战略级意义的工作——转介绍。在保险行业，有一句话叫"转介绍要像呼吸一样"，足以说明它的重要性。

转介绍，顾名思义，就是请客户帮你介绍其他客户。转介绍名单，不仅是维持保险代理人职业生涯的生命线，还是决定保险代理人能否进入下一个发展阶段的关键赛点——就算客户拓展能力再强，代理人也必须通过转介绍获得业绩上的质变。因此，面对获得转介绍名单这个挑战，你必须全力以赴。

如何施展"十八般武艺"，获得转介绍名单

┃出击：从被动型到主动型

· 程智雄

保险代理人通过日常对客户的服务和对关系的维护，能取得一些客户的信任和认可，客户也会热心地介绍想买保险的朋友给保险代理人。业内把这种转介绍的方式称为被动型转介绍。

由于新介绍来的客户一般都有明确的需求，又有老客户的背书，被动转介绍的成功率比较高——即使是一个缺少经验的新人，成交的概率也能达到40%；而对业务熟练的代理人来说，成交的概率能够达到60%～70%。但它的劣势也很明显——随机性太强，只能被动等待。

比起这种守株待兔式的转介绍，保险代理人更应该主动向客户要转介绍。相对的，这种方式在业内被称为主动型转介绍。

主动型转介绍的优劣势正好和被动型转介绍相反。由于挖掘到的客户不够精准，主动型转介绍的成功率没那么高，大概在 20% ～ 30%。但它的优势在于，客户资源基本掌握在保险代理人自己手中，做得越多，客户资源就会越丰富。

在我看来，转介绍其实不分主动、被动。即使是被动转介绍，前提也是我们为客户提供了足够好的服务。因此，保险代理人要始终保持"进攻"的态势，只有这样才有可能一直获得足够的转介绍。

▋引导：当面要转介绍

·程智雄

关于要转介绍，最常见的方式是"一对一索取"，即你可以在给客户打电话或者面谈的过程中，主动要求客户给自己介绍客户。

通常来说，当保险代理人主动提出这种需求时，客户都会说"好好好""没问题"。如果你相信这样就能拿到转介绍，那你就太天真了。

怎么才能让客户不仅嘴上答应，还会在行动上真的帮你呢？保险代理人需要做到以下三件事。

第一，进一步提问。

作为行业外的人，客户压根儿不清楚要介绍什么样的人给你，你要通过提问定向描述画像，让客户头脑里浮现出名单。

通常，我会先感谢客户信任我或者愿意帮助我，然后问他，"您身边有没有人经济实力比较强，年收入在 30 万到 50 万元"，一下子就帮客户划定出范围。接着再说："这样的朋友最好已经结婚了，而且孩子刚出生或者只有一两岁。"这时候，客户头脑里大致已经有名字出来了。他可能会对你说，"你知道谁谁谁吗？他孩子刚出生没多久""我身边确实有这样的朋友"，等等。

第二，打消客户疑虑。

有了名字之后，我们要解决下一个问题——打消客户疑虑。很多客户会担心你去骚扰自己的朋友，或者被朋友误会自己在中间获取好处，等等。这时你要主动说明："我绝对不会骚扰您的朋友，如果他有保险需求，我会按照专业销售流程来推荐，一定把服务做好；如果没有需求，就权当交个朋友。不管最后成不成，我都会给您一个反馈。"这样一来，客户就会放心一些。

第三，解除销售障碍。

疑虑虽然打消了，但客户会有"销售障碍"——不知道怎么把你介绍给自己的朋友。你可以告诉客户："不用说太多，就简单提一下，现在家庭有了孩子以后通常都会选购保险，我自己的保险代理人或寿险顾问服务得很好，也很专业，人又踏实……"然后再让客户结合他对你的真实看法，跟朋友简单介绍一下。

接下来，你就可以和客户要这个朋友的电话主动联系了。请客户告诉朋友，你下个星期可能会打个电话。当然，如果客户还是很介意，就不要往下进行了。但以我的经验来说，大部分人都不会拒绝。

联系朋友之后，记得给客户一个反馈。当客户介绍过几次，你又有一些成功的案例、给了他很好的反馈，客户就会更愿意帮你介绍新的客户了。

融入：打入客户的朋友圈

· 程智雄

如果你尝试了一对一索取转介绍名单，客户还是不愿意提供，而他身边的资源又特别好，这时该怎么办呢？是死缠烂打，见客户一次就向客户索取一次吗？当然不是。你要想方设法和这个客户成为朋友，打入他的朋友圈。

我有一个在华为工作的客户，由于我和他有一些共同爱好，我们的性格、三观又比较合得来，我就努力跟他成了朋友。我常常组织一些活动，招呼他带朋友一起聚会、一起玩儿。一来二去，自然和那个圈子里的人熟络起来了。

有一次，我们聚在一起打牌。三个人在斗地主，另一个朋友和我在旁边讨论保险问题。没等他们打完牌，我就已经把单子签下来了。

当然，使用这种做法时，需要满足一些条件：

首先，你得判断自己和这个客户确实有成为朋友的可能性。比如，你跟他有共同的兴趣爱好，性格相近，等等。

其次，你要抱着做朋友的发心，打入客户的朋友圈，而不能把签单放在第一位。否则，你跟其他人压根成儿就不了朋友，更谈不上建立信任，后续的销售更是难以进行。还是那句话，做陌生客户，要把对方当熟人对待。

最后，这种做法属于"放长线"，不要急，也不能急。

▍张罗：活动型转介绍

· 程智雄

关于转介绍，还有一种方式是组织客户参加活动。保险公司大多会给各个营业部一定的预算，用于办活动。通常来说，针对亲子客户，大家会设计做蛋糕、拼拼图等孩子们喜欢的活动；针对对理财感兴趣的客户，会设计现金流游戏。

但是，我们发现这样的活动存在一个问题——招呼来的都是已有客户，举办的活动只能帮助维护好这部分用户，提升他们的体验，并没有起到帮忙转介绍的作用。

后来，我们在给客户发消息或者发朋友圈时，会有意识地告诉他们，可以带自己的朋友、同事一起来。比如，妈妈客户可以招呼上跟自己关系好的其他家庭。再比如，我有一个客户，他的同事都很爱打篮球，我就办了个篮球比赛，让他把同事都带过来。所以，活动型转介绍的关键是，让客户把其他人带到现场，使你有机会和他们有直接接触。

至于做活动时怎么要转介绍，就相对简单了。活动前，让参与者填写登记表；活动中，拉个微信群，把活动照片发进去，你自然就有机会跟这些陌生客户建立起联系了。

▌围观：服务型转介绍

·程智雄

很多保险代理人自从客户签了保单之后，就觉得目标达成，可以将精力投入到下一个销售目标上了，于是疏于维护和服务客户，客户转介绍的动力自然不大。

而要让客户愿意主动将自己的亲友介绍给你，日常的、用心的维护和服务必不可少。说到底，这就和口碑相传一样，你得有口碑才行。日常对客户的服务有一项是立竿见影的，那就是给客户送礼物。保险代理人如果在给客户购置礼物时选对了东西，除了能收获用户的好感，还能得到源源不断的转介绍资源。

通过送礼物获得转介绍，有两条原则可以把握：第一，礼物必须能够体现送礼人的心意；第二，最好是客户周围的人也能感受到这份心意。我举两个比较典型的例子。

有一年的"十一"假期，我要求部门里所有的保险代理人10月7日就回公司上班。因为我们给所有女性客户选购了一批丝巾，保险代理人必须把丝巾提前包好寄出去，保证客户节后开工第一天就能收到礼物。这样的安排，有两层考虑。

一层考虑是，北京的秋天很短，"十一"之后，说不准哪天就会突然变冷。及时给客户送去丝巾，是给客户送去一丝温暖。我还要求所有保险代理人都手写一张卡片放进包装盒里——"天气随时可能转凉，所以挑了一条小丝巾，您多注意身体。"礼物虽然不贵重，但客户都用得上，也能感受到我们的心意。

另一层考虑是，礼物大多是送到客户工作的地方，当一个人收到这样的礼物后，周围的同事肯定会打听是谁送的。如果听说是保险代理人送的，自然会觉得这个保险代理人很暖、很有心。如果有买保险的需求，甚至可能会主动索要联系方式。这样，转介绍的资源就会随之而来。

我当时特意统计了数据，仅 10 月 8 日那一天，我们团队就收到了 70 多个转介绍来的客户资源。效果立竿见影。

还有一个典型的例子是，有一年儿童节，我们给有孩子的客户送去了一份小拼图，还随礼物附了卡片，卡片分为两部分。

第一部分是写给家长的："××× 的父母，知道你们平时工作很忙，但再忙也多陪陪孩子。今天是"六一"，特别选了份拼图送来，希望你们和孩子玩得开心。"第二部分是写给孩子的："××× 小朋友，送给你一个小拼图，祝你儿童节快乐！希望你将来能成为像爸爸妈妈那样优秀的人。"

后来，很多客户都发来消息感谢我们，还把孩子抱着拼图的照片发到朋友圈，很多人都能看到，这就为转介绍提供了非常好的契机；客户本身也更愿意主动将朋友介绍给我们。

▊ 引入：工具型转介绍

· 程智雄

如果既没有办法直接从客户那里要到转介绍名单，又觉得先跟客户成为朋友，再去结识他的朋友的做法太费劲，活动也不是经常能举办，那我建议你可以用一些小工具来获得转介绍客户。

有一次我碰到一个让人很头疼的客户——每次拜访他，他都把我带进公司的会议室里，除了前台和他，我压根没机会认识他公司里的任何人。

后来有一天，刚好碰到他的公司组织团建去东南亚旅游。我就问他："你们出去玩的保险买了吗？我们公司可以给客户提供这方面的服务。"

他就把行政叫进来，了解了下情况。听说还没上保险，他对行政说："不用找旅行社了，正好我是他们公司客户，直接在他这儿办了吧！"

那个时候我突然想到了一个很好的方法，就是有意识了解客户所在的群体是否有固定的旅游、出行习惯。

如果你想让客户把同事介绍给你，那就关注公司集体团建的安排；如果你想让客户把朋友介绍给你，那就有意识地询问、记录客户的出游习惯，尤其是一些有自驾游爱好的客户，可以主动给他们的车队办理出行的意外险。

通过意外险、旅游险之类的小险种，用较低的门槛，让客户愿意把周边的同事或朋友引荐给你，先建立起联系。

但掌握这些人的联络方式只是第一步，接下来怎么做才是至关重要的。很多保险代理人会犯两个致命的错误：一是询问中间人自己可不可以联络他的同事或朋友，你放心，这个中间人的回答一定是否定的，接下来你就没法推进了；二是打电话直接进行销售，对方基本上会直接把电话挂掉。

那要怎么做？

要知道，这些人已经是我们的客户了，我们理应告知客户保单是在哪里购买的、有什么需要注意的地方、如果发生意外要联系谁，等等。也就是说，打电话时我们的身份不是销售人员，而是服务人员，告知客户自己是他跟保险公司之间的连接点。

我通常会说："您好，我是 ×××的朋友，也是 ×××公司的保险代理人，你们公司团建出行的旅游险是在我这里办理的。关于这份保单，有一些需要注意的事情，我想跟您简单说一下……您可以存一下我的电话号码，再加下我微信，如果有任何问题，随时联系我。"

通过这样的方式，客户的同事和朋友就成了你的新客户。

扩散：请客户发朋友圈

· 程智雄

对于没有多少客户资源，又想干出一番成绩的保险代理新人来说，有一个特别直接的办法可以尝试一下——请客户发朋友圈。提醒一下，这个方法同样被拒绝率很高，但如果你什么都不做，就什么都没有，所以放宽心，做就是了。

在什么情况下，适合请客户发朋友圈呢？有以下三种。

第一，分享高性价比产品。

对于一些高性价比产品，你可以请客户在朋友圈分享出来，告诉大家这个产品有什么好处。比如百万医疗险，价格非常便宜，每个人都该在社保基础上补充投保。

第二，晒优质理赔服务。

当你的理赔服务做得很好时，也可以让客户发一个朋友圈，晒晒整个理赔的过程和亮点，并且附上你的微信二维码。

第三，直接推荐代理人。

这种方式适用于你和客户很亲近的情况。即便是新人，也总有客户跟你关系相对亲近，愿意力挺你、推荐你。这时，你要把准备好的短小精悍的自荐信（一定要附上二维码）给到客户，再让客户基于自己的真实看法稍微修改一下发朋友圈。

请客户发朋友圈和做销售是一样的，不要怕被拒绝。1个、2个客户可能会拒绝你，但如果你对20个、30个客户提出诉求，总会有人愿意帮你。你也会陆续从客户那里要到转介绍的名单。

前面讲了很多要转介绍的技巧、方法，看上去转介绍是一种技术。可如果把转介绍归类到技巧的范畴，你每天思考的内容就会是用哪些工具或者什么方式去要转介绍；或者在没客户的时候，才想起这件事来；甚至会觉得自己没有成熟的技巧、巧妙的方式，压根儿不敢要转介绍。

但对于保险代理人来说，转介绍其实更像是一种习惯。就像刷牙，每天早上起床后，不用刻意提醒，每个人都会做这件事。从接触第一个客户开始，保险代理人就应该养成要转介绍的习惯。还是那句话，要转介绍要像呼吸一样。而前面讲的所有方法，都只是帮助代理人培养习惯的工具。

恭喜你，完成了"新手上路"这一章的职业预演。保险是一个职业周期很明显的职业，只要活过新手期，你基本就能在这一行扎下根来，甚至以保险代理人为终身职业。所以，如果把保险代理人的职业成长比作游戏通关，此刻你已经通过了竞争最激烈、淘汰最残酷的一关。接下来的时间，你只要在现有的基础上不放松、持续精进，就有很大的机会成为一名成功的保险代理人。

CHAPTER 3

欢迎你来到保险代理人职业预演之旅的第二站：进阶通道。

现在，你已经度过新手期，职业发展登上了一个新的台阶。按照行业一般规律，如果你身处北上广等购买力强的一线城市，你大概率已经拿到了 IDA 的基础奖项或者成为 MDRT 的普通会员；如果你在其他城市，环境所限，你的业绩可能没有在一线城市那么高，但很可能也已经达到了这两个奖项要求的一半业绩。祝贺你。

在接下来的阶段，你依然要把在新手阶段养成的好习惯坚持下去，比如扎实做好三件事——拜访客户、服务客户、要转介绍，每天认真工作 8 小时，保持转介绍客户占比超过 50%，等等。

除此之外，步入进阶阶段，你的主要任务有两个，一个是继续提升业务水平，另一个是开拓中高端客户。在你完成这两大任务的过程中，行业高手不会像新人期那样面面俱到、事无巨细地告诉你每一步怎么走，而是会从业务和客户等方面，告诉你有哪些可以提升的方法。

◎ 业务上快速提升

步入进阶阶段，你的第一大任务就是在业务上快速提升。为了完成这个任务，你要解决的具体问题有哪些呢？我们一起来看看。

熟悉产品，如何掌握一通百通的方法

· 程智雄

新人阶段熟悉产品，我们强调模仿。到了进阶阶段，你就得摸索出一套自己的方法了，而且这套方法必须一通百通，可供复用。也就是说，以后再有新产品，你可以直接拿着这套方法去学习，不必重新发明轮子。

我自己摸索过一套熟悉产品的方法，主要分四步。

第一步，认真阅读产品说明，掌握产品特性。面对一个保险产品，先看它的保险责任——保什么、不保什么，以及达到什么程度会理赔等。举个例子，医疗保险产品 A 是，如果客户住了院，无论什么疾病都可以赔付住院费；但如果客户只是检查、拿药，产生了医疗费，却没有住院，那即使医疗费的金额很高，也不会赔付。这种基础的信息必须先理清楚。

第二步，找到产品的核心优势、亮点。这一步的核心是找到跟你的产品对标的竞品，通过对比，提炼优势和亮点。

比如，增额寿险这个产品出来之后，很多代理人没有做对比和提炼，就直接去市场上面对竞争了。那么，当客户提出"某家公司的产品比你们好"时，这些代理人自然不知道怎么回应。

我当时把其他公司的产品跟我们的产品做了对比。我发现，同样是增额寿险，每家公司的侧重点不同。相比之下，我们的产品有两个亮点：

一个亮点是前期给客户的保额更高。客户如果在投保前期身故，在我们公司获赔的金额更高。相当于我们在客户交费期间给了他更多的保障。

另一个亮点是可以增加第二保险人。如果客户有孩子，他自己是被保险人，下一代也可以是被保险人，这就相当于延续了保单的时间，总体利益自然更高。

你看，只有把产品优势和亮点找到之后，我们才能有针对性地解答客户的疑问。

第三步，把优势、亮点"翻译"成客户能听懂的语言。不要小看这一点——客户听不懂，你前面的所有工作就都白做了。

比如，我们公司曾经推出过一个"升级服务"。简单来说，就是多年以前的重疾险赔付的疾病只有 50 种，而最新的重疾险已经可以赔付 100 种疾病了。客户只要补上新老产品差价的 1%，就能以极低的价格享受多出 50 种疾病的新保障。但直接这样讲，大部分客户的反应都会是"又要我交钱呗"，很抗拒。

而我的下属想到了这样一个话术："我拿车打比方，跟您说一下这个升级服务。您今天在我们这儿买了最新款的汽车，以后每一年，如果您想升级换代成更新款的，不用把旧车卖了再买新的。您只要把旧车开过来，就能直接开着新车走。只要补一个费用，大概是两款车差价的 1%，就可以。"

这样一说，客户的感受就完全不一样了。

第四步，实际演练。把产品介绍给客户，看他们能不能听懂，听完觉得好不好。

你可能会说，直接对着客户演练，如果说了或者说不好，岂不白白浪费机会？这里说的实际演练，并不一定是对着客户讲。你可以叫上朋友、同事或者家人，让他们扮作客户，你对着他们讲。根据他们的疑问和反馈，不断调整话术。练熟练了，再去拜访客户。

当你掌握了这种可以复用的方法，就相当于掌握了一把万能钥匙，无论公司出什么新产品，不用别人教，你自己都能学会。之后只要找到有相关需求的客户，对着他讲出来就好了。

你发现了吗，同样是熟悉产品，进阶阶段的方法比新手阶段的方法水平更高了。没错，虽然你很多时候做的还是一样的事，但总有无穷的精进空间。以拜访客户为例。这时的你已经掌握了一定的客户资源，那么你的主要挑战就不光是怎么跟客户沟通，还有如何在有限的时间里完成更高效的拜访。要完成这个挑战，我们看看程智雄老师为你准备了什么好建议。

拜访客户，如何花同样的时间做更多事

·程智雄

在新人阶段，很多时候，保险代理人没那么多客户可以选择，能约上客户拜访就不错了。但我们知道，这样的方式效率非常低。

比如，我手下有个新人，有一次，他约的客户一个在朝阳区，一个在海淀区，他奔来跑去，下午 5 点多才吃到当天的第一顿饭，还只是牛肉拉面。而这么匆忙，为的是赶回来再见一个西城区的客户。

当然，在新手阶段，这也是没有办法的事。但步入进阶阶段，你手上已经有了一定的客户资源，就不能这么干了，你要主动规划和管理客户拜访。

最简单的，就是在约客户时，有意识地把离得近的安排在一起。如果你下周三已经定好要去西城区见一个客户，接下来，你就尽量把西城区的其他客户都约在周三；如果碰到顺义区的，那就放在其他日子。

如果有特殊情况，只能在同一天约到距离较远的几个客户，还有一个节省时间的方法，就是乘坐公共交通工具或者打车前往。起码路上你可以解放双手，做一些沟通性质的工作。

在约客户时，还有一个需要提醒的地方：如果你的工作计划是一天拜访 3 个客户，那你可不能只约 3 个。万一客户临时有事，你的计划就落空了。但如果约了 5 个，5 个都能见成，是不是又太忙了？那就更需要你规划好拜访客户的路线了。

我自己到后来还发展出了一种"职团开拓"的方法，就是在一个工作单位，或者一个办公区域内挖掘客户。这样一来，我只要去一个场所就能拜访到很多客户，单位时间里的效率可能是其他人的几倍。

曾经有一次，我约了一家公司里的十几个客户，有的是老客户定期拜访，有的是还没签约的客户来咨询。最后，我只花了 2 个小时就全部拜访完了。回到公司，才刚刚中午。而其他代理人，大部分还奔波在路上呢。

我们常说，遇到困难的时候，要能够沉下心来默默努力。但很多时候你会发现，一个人的努力总是显得收效甚微，尤其是当你遭遇瓶颈的时候，好像无论怎么努力都突破不了。这个时候怎么办？如果你遇到了这样的挑战，别担心，除了独自努力，你还可以向高手请教、跟高手学习。

请教高手，如何让对方愿意帮你

·程智雄

进入这个阶段，你已经掌握了保险行业里的基础知识，有了基本的认知。但你发现有一些问题不是自己努力学习就能解决的。这个时候，一定要主动请教。一家公司里会有很多业绩厉害的人，遇到问题或困难，向他们请教是让自己快速成长的好方法。

很多人可能会问，高手那么忙，不是我去问人家就会告诉我，怎么办？是守着、缠着高手，让他解答吗？当然不是。你要让高手感受到教你是有价值的。

比如，曾经有个下属为了让我回答他的问题，想了这么一招："经理，我这个问题不是白问的，我会把你的回答总结、归纳出来，发到群里，让大家都能学习。"我一看，教他一个人就可以教很多人，那当然要回答。

除此之外，你也可以利用公司的培训机会。比如，我自己还曾经"偷学"过一位老师的课程。那位老师很厉害，但我不是他的组员，没资格上他的课，所以我就坐在远处偷听、偷学。后来有一次，我按他的方法给客户做了个方案，见客户前请他指导，老师看了方案很吃惊，甚至把我当成自己的组员，帮我调整了方案。最后，我用那个方案拿下了客户。

所以，平时一定要想尽办法跟高手学习，这是一条提升自己的快车道。

世界上有两种销售，一种是以"成交"为最终目标的销售，另一种是以"解决客户问题"为最终目标的销售。你要做哪一种？

这个问题的答案，决定了你在很多情境下的决策。比如，当你明知客户的保单有漏洞，但客户不以为然的时候，该怎么办？是顺着客户的意思稀里糊涂地签了，还是再努努力说服客户？

在进阶阶段，你会遇到很多类似这样的两难问题。我们看看程智雄老师的建议。

沟通方案，如何用专业性说服客户

·程智雄

很多保险代理人在和客户谈保险方案的时候，经常被客户牵着走。客户说自己该买什么、不该买什么，代理人就怎么准备保险方案。但进入新的阶段之后，保险代理人应该坚持自己作为保险代理人的专业性。

我曾经碰到一位客户要买重疾险，看到他原有的保障体系里没有对普通住院医疗的保障，便告诉他，除了重疾险，还要再买一份附加医疗险，只需几百元。可是这个客户不喜欢附加医疗险，无论我怎么劝说都不肯加。

于是，我选择不做这个保单了。因为如果将来他得了阑尾炎等"小病"，住院、做手术的费用重疾险都没法赔付，他又没有其他医疗保险，这些开销都得自己承担，到时候他会质疑当初入的保险有问题。

客户很疑惑："为什么？去掉附加险，我就签字了。"

我说："作为保险代理人，我不希望您暴露在风险之中，因为这个风险最终是要您自己买单的；与其卖一份存在风险漏洞的保单，我宁可不卖。"

但客户也很执着，坚持要在我这里买重疾险。

最后，我只能说："您想买也可以，找张纸写上，程智雄坚持让你买 ×× 附加医疗险，你不同意，之后万一发生 ×× 的事情，你自己承担。然后签字确认，夹在你的保单里。"

你觉得我是在推卸责任吗？不是。这是我提示客户保单有漏洞的最后办法。

结果，看到我这么坚持，客户最终同意买附加医疗险了。

其实，附加险只有几百元，跟几万元的重疾险比起来只能算九牛一毛，我完全可以只卖重疾险。但如果明知有漏洞，还卖给客户，我的专业性何在？我的职业操守何在呢？

如果你的目标是做一名"解决客户问题"的销售，恭喜你，你选择了一条短期看起来很慢，长期来看却最优的发展路线。这是因为，要想成为一名优秀的保险代理人，只有签单量和短期的业绩是远远不够的，你得达成除了这些以外的其他标准。

放眼长期，如何看到签单以外的标准

· 程智雄

签单、业绩是保险代理人职业发展的基础保障，这一点固然没错，但成为业务骨干后，你要追求一些更高层次的东西。

保险公司通常有一个对保险代理人的评级标准，在平安，叫作 AAAA、AAAAA 级业务员，这有点像景区，不同级别代表了不同的景观水平，A 越多，水平越高。

保险代理人的评级考核标准有三项：业绩、投诉率和继续率。

业绩不需要再解释了；投诉率的要求是零投诉，如果有投诉，基本上无缘 AAAA 级以上的评级；继续率的意思是客户第二年、第三年往后，每一年是否继续缴纳保费。

业绩越高，继续率越高，评级越高。

当然，被评为 AAAA、AAAAA 级业务员，并不只是个口头荣誉，它有实实在在的权益。打个比方，如果一个客户买的重疾险最高赔偿金额是 50 万元，通常保险公司会要求他去体检，以防带病投保。但如果你是 AAAAA 级业务员，客户就算买 100 万元赔偿金的保险，他也可以不用体检。这就是优秀的代理人带给客户的权益。

◎ 开拓中高端客户

还记得你在"进阶通道"阶段要完成的两大任务吗？

到现在，你已经通关完成了第一个任务——"业务上快速提升"。接下来摆在你面前的是第二个任务——"开拓中高端客户"。这是一个艰难的任务，对于本身没有太多人脉的代理人来说尤其如此。

在拓展中高端客户的过程中，你会遇到各种各样的问题，比如：到哪里去找他们，如何赢得他们的信任，如何满足他们的需求和痛点，等等。面对这些问题，你是不是感到毫无头绪？别担心，在你"打怪升级"的过程中，会有行业高手分享自己的亲身经历，并提出建议供你参考。

拓展中高端客户，如何赢得他们的信任

拔尖：先做优秀的自己

·程智雄

在进阶阶段，很多保险代理人会更进一步，拓展中高端客户。这类客户在哪儿呢？你可能会说：MBA 班、EMBA 班、高端旅行团、健身会所、俱乐部、车友会……

确实，这些地方都不错，但有个难题：你能想到的，别人也都能想到。毫不夸张地说，如果没有面试，一个 MBA 班里几乎得有一半是保险代理人，你凭什么脱颖而出？

我的经验是，不急着做销售，先把自己变优秀，让你的水平、能力匹配上同学，用你的热心感染到同学，这样同学就会主动来认识你。

以 MBA 班为例，你得认真上每一堂课，无论有什么任务、作业，都力争做到最好。当你成为最优秀的那个学生，大家自然就认识你了。

除了学习，还有两个加分项：主动帮忙、积极分享，成为班里最热心的那个人。有一次，我有位同学的稿子被老师毙掉了，我看过她写的内容，觉得有办法改好，于是主动帮忙，从开始到最后调了好几稿。结果，她作为最不被看好的一个，投票评比得了第二名。还有一次，我在班级群分享读书心得，有位同学很受启发，直接把其中一句话当作金句用在了自己的毕业作品里……经过这些事，我跟同学们的关系亲密了起来，他们一旦有买保险的需求，会第一时间想到我。

其他的场景，也是同样的道理。比如，有些代理人会去报一些高端旅游团，但是往往什么保单都签不下来，因为他们把销售目的暴露得太明显，反而惹人反感。

既然是旅游团，那你就开开心心地旅游，跟团里的游客都搞好关系。并且一路上，尽量多照顾大家。

如果你能在旅途中给其他人留下特别好的印象，甚至跟一些人成为比较好的朋友，以后再去做销售的工作，就更容易成功。

你可能会说，如果每个代理人都按照前面说的办法，在MBA 班、高端旅游团里变成那个优秀的人，在有几个代理人的情况下，大家岂不是仍然会打架？

我必须得说，这种担心有些多余。

首先，高端旅游团的高费用会把一般的保险代理人排除在外。而像 MBA 班，要想进去学习，还要接受考核，也不是任何一个代理人都能通过的。这些因素加在一起，就已经筛选掉低水平的代理人了。

其次，并不是所有加入 MBA、高端旅游团的保险代理人，都能在里头让大家感受到优秀。

我之前有两个徒弟，参加 MBA 的学习。他们俩当时做了一个关于理财的分享，博得了很多同学的关注。但是在回答同学的现场提问时，两个人展现出了不成熟的一面，没能接得住。

所以，不是任何保险代理人都能够通过这些活动，结识到高端客户。越是高端的客户，在挑选自己的保险代理人时，要求会越高。你要想获得他们的信赖，要格外注意提高自己各方面的水平。

胜出：提升专业性才是王道

· 程智雄

我见过一些保险代理人，在跟高端客户谈保险的时候，往往把功夫下在营销、吹嘘，甚至是迎合客户的需求上。尤其是高端客户，想签下他的代理人非常多，你要胜出，就不能只靠吹嘘。

那该怎么做呢？我的建议是，把保险的知识吃透，达到精通的程度，在客户面前展现出足够的专业性。

我曾经跟一家银行的几个保险代理人一起去和高净值客户谈保险。那家银行出了四个人，而我只有一个人。当时客户关心一个问题：买了保险，离婚后保险是否会作为共同财产被分割？

那几个银行的人言之凿凿地说，买保险，离婚绝对不分。

我没有给到客户这么非黑即白、非此即彼的回答，而是跟他说："保险离婚分不分，要具体情况具体分析。比如说，保费如果是用你们夫妻俩的共同财产出的，和用你个人财产出的肯定不一样。再比如，真有离婚那一天，分的是给意外、疾病的赔偿金，还是说年金的分红，情况也不一样……"这不是我想用什么技巧，而是我深知在离婚这件事上，保险分不分都有详细的规定，没有那么绝对。

客户虽然不是专业人士，但是他能判断出来哪种说法专业，哪种说法是过度营销、吹嘘。后来，那个客户选择了在我这里买保险产品。

还有一次，我和另一家公司的保险代理人一起去给客户介绍产品方案。

这个代理人在展示的 PPT 里只写了第一年的保费，而没有告知客户，保费金额是要随着年限的增加而增加，甚至要翻上几倍的。这是很不专业的做法。

我跟客户说："虽然这家公司的品牌好，服务好，但我建议你换一个保险代理人。因为这个人在介绍保费时没有告知你全部信息，尤其是保费的部分。要么这个人专业知识不扎实忽略了这一点，要么他是有意这样设计的。不信，你可以让他拿着今天这份 PPT，去银保监会找公证人讲一遍，看他敢不敢。"

听到这里，客户心里就很清楚了。后来，这个客户也在我这里买了保险。

到这里，你已经掌握了取得中高端客户信任的心法。其实，除了"信任关"，你还有一关要过，就是自己的"心理关"。什么意思？面对中高端客户，很多代理人不是没有方法，而是没有勇气，不敢接触客户，怎么办？接下来，让我们一起在程智雄老师的指导下跨过这一关。

担心自己说错话，不敢接触中高端客户怎么办

· 程智雄

有些保险代理人认识了高端客户后，担心自己说错话，不敢和客户谈；或者觉得高端客户太重要了，一定得准备得万无一失才去谈，结果客户被其他人签走了。

实际上，即便是高端客户，也要勇敢去试。不谈，你永远不知道他们是怎么想的，也不知道自己有什么地方需要提升。问题从来不是想象出来的。

我就曾经对着一个经济条件非常好的客户说："你不担心将来生病没钱治吗？"

当时，那个客户什么都没说，就看着我笑。客户一笑，我就知道自己出问题了。对一般人来说，因病返贫或者没有足够的钱治病，当然是个风险点。但对高端客户来说，钱并不是问题。他们更在意的是别的方面，比如医疗条件、医疗服务是不是足够好。

我还拜访过一位四十七八岁的女性高端客户。其间，她问我能不能帮忙联系打 HPV 疫苗，我顺嘴回了句："你这个年龄，已经不适合打 HPV 了吧？"

话一出口，我就意识到自己说错话了。客户真的不清楚 HPV 疫苗对年龄有限制吗？她真正想问的，是有没有更先进的技术或者更高级的疫苗能够满足她的需求。

虽然这两次我都说错了话，但如果不去试，我根本无法了解他们的需求，也不会知道高端客户和一般客户的需求有什么不同，以后碰到类似的情况应该要怎么说。

因此，你要敢于去试错。小步试错，不断迭代，逐渐找到正确的解决方案。

和客户谈错不可怕，一个错了，就去找下一个，你总会有机会成功的。

当有机会服务中高端客户的时候，很多保险代理人的心情很复杂，可以用"喜忧参半"来形容。为什么这么说？因为越是高端的客户，需求和痛点就越是难以琢磨。如果代理人的判断不准确、服务不到位，那么即使机会就在你面前，你也接不住。具体怎么做，才能直击中高端客户的痛点，提供超预期体验呢？我们看看行业前辈为你准备了什么建议。

服务中高端客户，如何直击痛点，提供超预期体验

调整：直击客户关注的利益点

·程智雄

对于理财类的保险产品，一般客户和高端客户关注的利益点可以说是完全不一样的。

对于一般人来说，把存款的一部分拿出来购买理财类的保险产品，最关注的是保不保险、安不安全，然后才是能够获得多少收益。他们追求的，是安全保守的理财方式。

而对高端客户来说，他们更认同"富贵险中求"的理念。因为他们自己的财富积累方式，就是敢于做风险高、回报也高的事情。保险稳定的理财方式，很难让他们提起兴趣。

你如果对着这样的客户说"我们的产品收益比银行存款高几个点"，客户只会觉得，这点收益为什么值得我投入？

但你可以换一个说法："关于人生的上限，无论投资还是

做生意，我肯定得跟您学习。而我跟您谈的，其实是底线的问题，这也是保险产品能够解决、保障的。

"我知道您生意做得特别好，但是企业运转总归需要保证一定的现金流。像这次疫情，很多企业停工、停产，但厂房的租金、员工的工资还要照付。这时候，年金类的保险产品就能提供一个相对稳定的现金流给您，让您应对这种意外的风险。"

告诉客户，虽然收益不高，但是人总需要一些保底的东西，以备不测。

福荫：财富传承可以借力保险产品

· 吴洪

有句俗话叫"富不过三代"，说的是，一个家族要想传承财富是很难的事情。如果下一代不是特别能干的人，财富是很难守住的。如果后代败家，家底败光就是迟早的事儿。为了保障后代衣食无忧，很多企业家会设立信托等产品，但其实保险也能发挥传承财富的作用，把财富细水长流地交到后代手上。

我们团队曾经通过保险产品帮一位房地产公司的创始人解决了财富传承问题。一方面，这笔巨额的保费每年返到的红利，就能给这位创始人的后代足够的现金保障；另一方面，因为保险是这位创始人买的，任何人都无法取消保单，把保费拿走、挥霍掉，后代即使想败掉也做不到。

如果你和高端客户沟通，传承管理也是很必要的一个切入点。

设计：给客户超出预期的体验

· 程智雄

要签下高端客户，有足够的专业性是首要的，但同时你也不能忽略客户的体验。要想脱颖而出，你可以给客户创造超出预期的体验。

我曾经接待过一个高端客户。由于我所在的平安公司有自己的银行，我当时就把接待地点安排在我办公室楼下的银行，还特意叮嘱银行的同事帮我准备一间好一点的会客室。

这个客户进了银行以后，我们的副行长跟我一起接待了他。当时，客户的表情就很惊喜，觉得自己很受重视。进入会议室以后，他看到电视屏幕上打出了一排滚动的文字"欢迎程智雄经理的客户×××先生"，直接就愣住了。因为他去过那么多次银行，从来没有受到过如此待遇。虽然客户非常有钱，但我给他准备的会议室级别，还是远超过他在我们银行的客户等级。通常情况下，那是私行客户才能使用的VIP 室。

这样一个设计，就让客户感受到超出预期的重视，后来他不但在我这里签了单，还成了我多年的老客户。

祝贺你完成了"进阶通道"阶段的职业预演。到这里，这场聚焦于保险代理人职业的职场演练已经进行了 70%，辛苦了。剩下 30% 的职业晋升之路会是什么样子的？你还要战胜哪些挑战才能顺利通关呢？休息一下，我们准备迎接全新的挑战。

CHAPTER 4

第四章
高手修养

欢迎你来到保险代理人职业预演之旅的第三站：高手修养。

到这里，你已经完成了进阶阶段的修炼，即将向着行业高手的方向努力。就像进阶阶段一样，在保险行业，对于"什么是高手"也有相应的标准，那就是成为 MDRT 的超级会员。

为了达到这个标准，你需要完成两大核心任务。第一大任务是继续保持各方面突出的能力，从熟悉产品、挖掘需求、服务客户等多个层面出发，提高多个维度的业务能力。第二大任务是带团队，成为一名优秀的管理者，带领和培养更多的保险代理人。

面对这两大任务，你可能会觉得有些迷茫无助，甚至力不从心，因为这意味着你既要继续提升自身的业务能力，丝毫不能放松，又要组建属于自己的团队，完成从代理人向管理者的转型。这可一点儿也不简单。不过没关系，在你职业预演的路上，每遇到一个新的挑战，都依然会有行业前辈出手相助，给你指点迷津。话不多说，马上出发。

◎ 多维度的能力

要完成高手阶段的第一大任务，你需要战胜的挑战有很多，其中比较典型的包括：当公司推出一款新产品时，怎么带领所在团队卖出遥遥领先的业绩？面对高端客户，如何打动他们，如何满足他们的复杂需求？

你会发现，这些挑战的难度都很高。但别担心，只要按照行业高手的建议去行动，多思考，多尝试，你就能完成业务能力的实质性升级。

公司推出新产品，如何卖出遥遥领先的业绩

· 程智雄

要想吃透产品，新人阶段的基础心法是模仿，进阶阶段是掌握可以复用的方法，到了高手阶段特别是带团队的阶段，业务做得好只是一方面，你还要掌握总结、输出的能力，为自己的团队赋能。具体怎么做？

2018 年年底，我们公司出了一款新产品——养老类的年金产品。我用元旦假期的 3 天时间，钻研了它的核心优势，用一句话概括了年金保险的真正含义：在不确定的时代，把确定的财富在确定的时间用确定的方式交给确定的人，完成确定的事。

这句话背后的含义是：经济或者其他因素不稳定，这是不确定的时代；已经挣到的钱是确定的财富；而孩子上学的时间，退休、养老、做财富传承的时间都是相对确定的；确定的方式就是使用哪些工具，比如保险、信托；交给正确的人就是给自己；完成确定的事就是完成客户的养老需求和理财目标。

我用假期制作完成了它的展业工具（对客户展示的工具，比如 PPT）。假期一结束，我就立刻给业务人员进行培训。由于我用非常简单的句式总结了这个产品的优势，业务员很快就掌握了。当月，我们团队就全公司做到了这个产品的业绩第一名。

但有的主管不擅长输出，就只能等，等到公司要求我把这套工具分享给他们。但那个时候，我们团队已经实战了 3 个月，技巧、流程都锻炼得非常成熟，业绩也遥遥领先了。对于团队来说，这时管理者的差别就体现出来了。

因此高手在这个阶段，一定要培养自己的总结和输出能力，这不仅会直接影响到业绩，还能给团队赋能，让团队成员更好、更快地成长。

到了高手阶段，你要服务的高端客户变得越来越多。这对你来说是一个不小的挑战。因为越是高端的客户，越看重自己的保险代理人是不是值得信赖，他们甚至会为此专门设置考验；越是高端的客户，需求越复杂——除了常见的风险抵御需求，他们可能还有隔离资产、财富传承等复杂需求。换句话说，你必须提升自己的专业服务能力，懂得从全局视角出发，替客户想到他们可能面临的各类风险并给出系统的解决方案。这时候的你，必须成为客户的财富规划顾问、风险防御顾问，而不仅仅是一个保险推销人员。

服务高端客户，如何打动他们、赢得信任

通关：拿下高端客户往往要先通过考验

·程智雄

要取得高端客户的信任，仅仅是和他们增加交往频次或者交往深度是不够的。越是高端的客户，越会有一个要求，就是希望为自己服务的人是值得信任的。有的高端客户甚至会给保险代理人设置考验。

我的客户王总，是一家公司的创始人。第一次正式跟他谈保险方案时，我去了他的公司拜访。当时前台把我领进会议室，王总带了一男一女两个人进来，但没跟我介绍这两个人是谁。后来，我在展示保险方案时，王总提了很多问题，我一个一个回答、解释、说明。

我当时注意到一个细节，就是我每回答完一个问题，王总就转头问身后的两个人"他说的对吗"，然后那两个人时不时地点点头。

后来，王总问完他想了解的所有问题后，才笑着对我说："其实，这两个人是我们公司的法务总监和财务总监。"

我当即就明白了，他这是在考验我。如果我当时表现得不专业，被身后的两大"护法"揪住错处，就一点机会都没了。

当然，我也明白，王总带上法务总监和财务总监，是真想考验我的法律能力和财务能力吗？其实不是。他更想看的是我这个人说不说实话，会不会忽悠他。真诚对待客户，也是保险代理人专业度的体现。

我们服务的高净值客户，有相当一部分管理人才，他们在识人、用人方面有各自的过人之处，考验你的角度也会不太一样。比如，他们可能会看你的韧性好不好，可能会看你的人品行不行，可能会看你努力不努力，从各个角度判断你以后能不能为他提供优质的服务。

所以，我建议所有代理人要提高韧性，要保持真诚，要积极努力，要更加专业。我们服务的客户，其实就是这样的人。

顾问：从"以始为终"到"以终为始"

·吴征宇

国内的保险人员在推销产品时，大部分用的都是"以始为终"的方式。这是什么意思？就是对客户讲"我们公司实力多么牛，产品多么好，有什么功能……你需要买几份"。

但是我的团队正好相反，我们认为要"以终为始"，根据客户的需求来反推他需要什么样的产品，这才是真正能帮到客户的方式，也是赢得客户信任的要诀。

要想理解这背后的原因，我们先来看看外国中产和我国中产的消费方式有什么差异。

在国外，一个中产家庭往往有一个理财顾问，帮忙设计教育账户、养老账户、疾病风险账户以及它们分别需要多少费用等。这个家庭先把收入投入到相应的账户里，就相当于未来有了一定的保障，剩下的钱就可以随便花了，因为底线被保住了。将来无论是看病还是孩子上大学，都有足够的保障。这样，人会生活得很有安全感，也很惬意。

但我们国内往往是，有了钱，先消费，然后碰到什么理财经理、银行专员、保险销售，再买理财产品、保险产品。可这些产品到底能否保障这个人或这个家庭一直衣食无忧，有能力应对各种风险和大的固定开销？答案是未必。

我们团队就借鉴了国外的方式，把自己定位成客户的理财和风险规划师，而不是保险销售人员。

通常来说，一个家庭有 8 项固定费用：日常费用、孩子教育、双方父母养老、本人退休规划、家庭负债（比如房贷）、疾病风险和开销、大人的再教育以及人生梦想（比如环游世界）。我们会跟客户把这些方面都聊得很详尽，然后根据客户的情况做好这些方面的规划，再匹配上相应的保险产品。而不是一上来就对客户说，你需要买什么什么保险。

规划：帮客户想到一切

·吴征宇

很多代理人跟客户聊疾病等意外风险时，很可能只关注到治疗、吃药等直接费用支出，并以此作为依据，制定客户的保额。但这些一般人也能想到，保险代理人的专业价值体现在哪里呢？

这里，我想给你介绍一个"5+1"模型，它是我们团队一直在使用的帮助客户规划疾病风险控制的工具。

首先是模型里的"5"，包括医疗费用、康复费用、收入损失、紧急现金流（押金）和复发风险备用金。

医疗费用很好理解，诸如住院费、门诊费、放化疗药物费等我们立刻能想到的费用。康复费用可能有一些人会想到，它也叫医疗外费用，像请护工、吃补品等开销都属于这一类，而且这是医保、医疗险无法报销的。收入损失也很好理解，如果生的是需要长期疗养的病，无法工作，那收入来源自然会受到影响，甚至可能会失去工作。当然，真实情况里还可能包括家属陪护过程中的收入损失。

紧急现金流你可能有些摸不着头脑。我举个实际的例子。我有一个同事本来是健身达人，有一天却突然得了肺气肿，严重到要上体外心肺。而医院要求，用设备必须先交10万元的押金。可保险的理赔金通常都是事后给付的，病治完了，人再拿着单子找保险公司理赔。遇到这种特殊情况，如果那一刻拿不出那么多现金，就可能面临失去生命的危险。这就是现金流在医疗保障中的重要性。

复发风险备用金是针对是复发可能性的。我自己就碰到过一个女性客户，得了宫颈淋癌。比较幸运的是，整个治疗只花了10万元，医保可以报销5万元，商业保险又赔付了100万元——里外里，等于还"赚"了95万元。

我想问，你会用这95万元做什么？买车、买房？继续买保险？或者做别的？这个女性客户当时想换一台车，再加一份保险。但是，她是得过癌症的人，有复发风险，无法再加购保险。于是，她和家人做了一个决定，把这 95 万元存起来，作为以后治病的钱，不做他用。

有了以上 5 个方面，已经很全面了，那"+1"从何说起呢？再说一个真实案例，我的一个女性客户，查出有 5 公分长的子宫肌瘤，医生建议她手术切除，而她更倾向于服药治疗。半年后再查，子宫肌瘤变成 11 公分，需要尽快手术，但预约床位要排五个半月，怕是到时子宫都不一定能保住。这时她找到我，我们通过专属绿色通道，5 天内给她安排了床位，很快就手术，成功切除了肌瘤！

可见，在完整版的疾病风险控制规划中，不仅要全方位考虑费用问题，还要充分准备相应医疗渠道和服务。

┃做专：根据客户群特点提供服务

·程智雄

在高手阶段，要打动客户、赢得客户信任，是不是只能送送礼物，组织组织活动呢？当然不是。其实与客户相处，有一个很重要的路径，就是为客户提供保险之外的专业性建议与服务。当然，这对保险代理人的要求非常高。

举一个我自己的例子。我认识一些汽车行业的客户，他们要么是大型汽车公司的经理，要么是老板。但最初我和他们毫无话题可聊，非常苦恼。后来，我专门拿出一段时间去研究整个汽车行业，看行业的调查报告、分析数据等。慢慢地，对汽车行业有了一定的认识。

当时有一个做汽车隔音膜配件的客户，他的生意出了些问题。早些年，由于隔音膜这个配件对汽车来说太不起眼，竞争并不激烈。他又和进口汽车品牌合作，生意做得非常好。但慢慢地，越来越多人意识到这是门好生意，加入市场，竞争越来越激烈，他企业的利润越来越低。

我有一次在电视上看到相关报道，国产车的销量正在抬头，有赶超进口车的趋势，觉得这是一个机会，就建议客户拓展国产车业务，但他不知道怎么做好。我就说："你在这行打拼了那么多年，相关的人脉、资源都很充足，开拓起来并不是很难。而且，你还有一个独门优势。"客户很好奇，我接着说，"你可以对国产车品牌说，你是给宝马、奔驰提供配件的。单这一点，就会令你比其他供应商更有竞争力。"

后来，客户听了我的建议，第一年产值提高了 6000 多万元，第二年提高了 1.5 亿元。

当然，我能提出这样的建议，是因为我专门花了时间钻研汽车行业，对汽车行业有了自己的认识，对新的趋势也足够敏感。而当我能提供的服务不仅仅是保险规划本身时，客户对我的信赖就会大大加深，反过来会增强他对我保险代理人这个身份的认可。

有的保险代理人有很多互联网公司的客户，那就应该好好研究互联网行业；有的女性代理人有很多"妈妈客户"，那就要把子女教育、儿童的吃穿用具等方面研究透。在和客户进行交流的时候，不仅要做到有共同话题，还要能提出有建设性的观点甚至建议。这样建立的信任，完全不是送送礼物可以比拟的。

客户提了一个需求，如何挖掘并满足更复杂的需求

· 程智雄

保险代理人只能卖保险吗？不一定，还可以做综合金融。什么意思？就是把保险、银行、证券、期货、信托、租赁等业务综合起来，为客户提供一站式金融服务。

这里需要注意的是，由于国内金融机构实行发牌准入制，目前只有平安和中国人寿可以做综合金融。如果你是这两家公司的代理人，想精进自己的业务，我建议你不要只想着卖保险，而要挖掘更复杂的客户需求。

我曾经碰到一位女性企业家，她在最初找到我的时候只提出了一个明确需求——高端医疗保险。因为她的国籍转到了泰国，没有社保，但她的生活、工作都在国内，平时又倾向于选择私立医院就医，所以有这个需求。但你要意识到，这样的客户绝不会只有一种简单的需求。

在和这位客户唠家常的过程中，我发现她的家庭情况比较复杂。首先，她和丈夫离婚了。虽然这段婚姻没能走下去双方都存在问题，但我认为原则性问题出在她前夫身上——沉迷炒期货，而且一直赔钱。由于她前夫不上班，有比较多的时间陪女儿，离婚后女儿反而更向着父亲，这令客户非常难过。客户想挽回女儿，但苦于没有办法。

我就问了她一个问题："如果等到你女儿 40 岁的时候，你每个月雷打不动地给她 10 万元，月月如此，你觉得孩子多长时间后会更向着你一些？"客户说："半年吧。"我说："最多三个月。"

任何一个人都不可能一生一帆风顺，钱虽然不是万能的，但一定是有用处的——无论是雪中送炭，还是提供基本的生活保障。如果女儿到了 40 岁突然发现母亲为自己设立了信托基金，自然会很感动，还会感激母亲的远见。再加上她现在年纪太小，等到成年、走入社会后，一定会理解母亲为家庭付出的种种。

客户非常认同我的说法，很痛快就答应了为女儿设立信托基金。

接下来我还了解到，她有一个弟弟和一个妹妹。弟弟收入一般，妹妹得过乳腺癌，孩子还很小，全家老小都要指望她这个大姐。她本人的责任感很强，希望未来也能照顾到弟弟、妹妹子女的教育，但担心直接给现金会被用到其他地方。因此，她希望为弟弟、妹妹的子女也设立信托基金。

此外，由于经历过一次不愉快的婚姻，她担心再次遇人不淑，离婚时又要被分割出去很大一笔资产。我告诉她，这种情况可以利用保单的时间特性做婚前财产隔离，保费既可以作为现金随时取用，还能确立其属于婚前财产，因为它类似于房产证，保单上会标记明确的时间。

最终，通过保险搭配信托的组合，我帮客户为自己女儿和弟弟、妹妹的子女建立了未来的保障底线，把资产分散在较长的时间周期里；还为客户隔离了婚前财产，保费既可以作为现金流应对企业经营中碰到的风险，也可以作为保障，等客户 60 岁时每年会有 100 万元的"退休金"。

我能帮客户把案例做成一个规模比较大、时间周期又很长的规划，一方面基于扎实的专业基础，另一方面就是因为我有意识地挖掘客户的复杂需求。

客户需求复杂，如何发挥保险的特殊功用

·程智雄

保险产品通常的作用都是让客户对冲相应的风险，出现生病、意外、年老等情况时，保险会帮客户分散风险。但保险的功用不止于此。由于保险的一些特性，它还可以运用在更多的场合。

举个例子。我有一个徒弟是个"富二代"。在快结婚之前，他的家人做了一件事，导致婚差点没结成。

当时，他母亲担心万一将来离婚，财产会被分走，便让我徒弟去和女友说要签署财产证明。本来这种担心是人之常情，但他们家刚把两套房子过户到徒弟名下，房子本身就是婚前财产，婆婆还担心儿媳结婚是图钱，非要再签个财产证明。结果徒弟一说完，女友当场就炸了：这婚没法结了！

眼看婚结不成了，徒弟的母亲来求助我，看看怎么挽回。我就告诉她，你可以给自己买一份高额的人身年金保险，保

险每年返的钱给儿媳用，既能让儿媳有钱花，哄她高兴，万一离婚，也分不出去。我和她说："因为是你的人身年金险，所以你是被保险人，而受益人只能是你的直系亲属。这样一来，平时这笔保费，你儿子没有支配权和拥有权，如果将来离婚，险返的钱也不需要分割出去。"

我还告诉他母亲一套话术，让她对准儿媳说。

她就让儿子把儿媳叫过来，单独对儿媳说："我们家就这一个儿子，但我其实特别想有个女儿，只是没机会。"

儿媳是黑着脸进来的，听到这句话后，表情缓和了一些。

她就继续说："我也不知道送你俩什么结婚礼物好，我买了份年金保险，每年都能返不少钱，你就用它旅旅游、买个包、买个表什么的。

"但是我没有办法给你投，咱俩没有直系亲属关系，受益人只能是我儿子，但这钱是给你花的。我真拿你当亲闺女，所以不能亏了你。"

听完这番话，儿媳的怒气消了不少。一出门，还数落了我徒弟一番："肯定是你传错话了，妈没有那么防着我。"

保单一签，三方的矛盾都得到了解决：父母对孩子的婚姻、财产放心，儿媳对婆婆放心，儿子也不用夹在中间不知如何是好。

而这一切的前提是，我把保险产品的属性吃得透，能够利用保险产品的特性帮客户处理好这段关系。

因此，保险代理人要善用保险的这些功用，如果能为客户解决实际问题，你还担心签不下高端客户吗？

到这里，你已经掌握了服务高端客户的宝贵经验。在你向顶尖代理人进发的日子里，除了满足一个个客户的单点需求，你心里还必须有一张属于自己的能力成长地图。也就是说，无论做什么事情，你都要围绕某些重要能力去长期修炼、按照某些具体习惯去刻意练习。只有这样，你每天的努力工作才能变成可叠加的复利。

那么，你的能力地图上应该包含哪些内容呢？我们看看行业前辈怎么说。

成为顶尖代理人，有哪些必须持续修炼的能力

修炼：高手阶段最重要的三种能力

· 程智雄

高手阶段要培养的能力有很多，如果要选最重要的三种，我认为是跨越圈层的能力、思维转变的能力和深度服务的能力。下面我们逐个展开来说。

第一，跨越圈层的能力。

到了高手阶段，保险代理人需要去开拓高净值客户，对此业内有个专门的说法叫"主顾开拓"。这个阶段我们面临的挑战很明显：未来要开拓的客户跟以前的客户不一样了，怎么才能认识这些不一样的客户？这就需要保险代理人具备跨越圈层的能力。

举例来说，你要去上学，以前选的是能满足自己学习需求的产品，现在就得选高净值客户集中的地方，比如有名的 MBA 班；你要去旅游，以前自己自由行，现在可能就得报团，

还得报那些高净值人群集中的比较贵的团。你要打球，以前跟朋友、同事打篮球，现在可能就得学学高尔夫球。这些行为看起来有点"急功近利"，但都是你跨越圈层的有效方法。

你可能会问，认识高净值客户之后怎么办？难道还要打肿脸充胖子跟人家过同样水平的生活吗？不一定。重要的不是花多少钱，而是找到和高净值人群的连接点。

举个例子，各家保险公司都有百万意外险。我自己总出差，每次买机票也都要顺手个意外险。但是，一般航空意外险只能给50万元、100万元左右的保额，额度并不高。而我们公司有个产品是500万元的航空意外险，一年的保费只要2000元左右，不仅免去了每次买意外险的麻烦，满期还能退还保费。

你看，这个产品就是很好的跟高净值客户的连接点，因为它的适用人群一定是商旅人士，而高净值用户大多也是商旅人士。这么一个产品，就能成为我们跟高净值客户产生连接的抓手。

第二，思维转变的能力。

到了高手阶段，保险代理人要经历一次思维的转变，就是要明白，不同圈层的生活状态是不一样的。我自己也经历过这样一个转变过程。

举个例子。刚开始开拓高净值客户的时候，我看到客户朋友圈每天发的都是出去玩的照片，穿的是名牌衣服，拎的是名牌行李箱，坐的是飞机头等舱。以过去的思维方式，我会觉得他们在炫耀、显摆。但当我真正跟他们走到一起之后，我发现不是我想的那样。他们的生活本来就是那个样子的，他们真的没有在炫耀，只是圈层不一样而已。

再举个例子。有一次我跟客户去银行办业务，客户需要转出一笔钱。不知道为什么，那家银行服务态度特别差。我帮客户转钱的时候，银行经理出来阻止，说不要转，因为他们有任务。当时那位客户就急了，直接说，"你们银行每天转出的限额不是 500 万元吗？我从现在开始每天往外转 500 万元。让你们行长去家里找我，否则我就一直往外转。"

那可是四大行之一，不是什么小银行。我当时觉得，客户在吹牛吧？后来跟他一块儿回家了。没想到，我们刚到他家门口，那位银行行长已经站在那里等着了，看见客户就道歉。一位银行行长如此卑微，说明这位客户每天转出 500 万元，可以把他转到业务不达标。这件事放在以前我是不敢相信的，亲眼看见之后才相信是真的。

所以，我们的思维肯定要转变，以前觉得不正常的事有可能是正常的。

再比如，一个特别有钱的客户说，买保险没有用。他可能只是在说之前给他递方案的那些人制定的额度都太小了，所以没有用。有一次我遇到一位客户说保险没有用，我就问他：是不是别人给你递的都是 50 万元的方案，你觉得没有用。如果我给你递个 1 亿元保额的方案呢？客户说，1 个亿肯定有用。

大家想一想其实就明白了，身体是革命的本钱，高净值客户如果身体出问题，他们每年的财务损失更大。所以保险不可能没有用，只是那个对他们有用的额度，我们很难想象到而已。

第三，深度服务的能力。

除了跨越圈层的能力和思维转变的能力，高手阶段第三个重要的能力是深度服务的能力。对高净值客户来说，保险找谁做都是做，你要提供超预期的服务和价值。

比如，我们有位老师分享过一个案例。他找了很多医疗资源服务高端客户。有一次，他帮客户的母亲看好了类风湿性关节炎，不仅帮客户节省了很多时间和精力，还了却客户的一桩心事，让他和母亲的关系更亲近了。这就是那位老师提供的深度服务和价值。

总的来说，到了高手阶段，我建议你在业务上着重提升三个方面的能力：第一，开拓，认识更多高净值客户，这是跨越圈层的能力；第二，理解，知道每个圈层有每个圈层的生活方式，这是思维转变的能力；第三，支撑，具备超预期的专业水平，这是深度服务的能力。有了这三种能力，才能在高手阶段越做越好。

坚持：寻找购买理由，需要刻意练习

· 程智雄

很多人觉得杰出源于天赋，但在我看来，做保险代理人并不存在什么天赋问题，只存在熟练程度问题。要想成为杰出的代理人，坚持是很重要的法门。

说到这里，不得不提我们公司的一位大神，她叫赵小东，年近 70 岁仍然坚守在保险销售的第一线。这位前辈有件事让我印象深刻：从入行第一天起，她就坚持做一件事，每天拜访 6 个客户，并找到他们的购买理由，几十年如一日。这样几十年下来，她连出门洗个车、理个发、买个菜，都能把保险卖出去。

她拿过多次平安业务冠军，每年签约的保单件数达 400 ～ 500份之多。多年前拿到 MDRT 终身会员的资格，还是 MDRT 组

织的杂志 Round Table 上刊登的第一位中国大陆 MDRT 顶级
会员。

我自己听过一个极端的例子，你可以从中感受一下她是
如何坚持做一件事的。

有一次，我们公司的董事长和两个大领导请她吃饭。饭
前，董事长问了她一句："赵姐都这么大年龄了还在坚持做业
务，还做得这么好，你是怎么做到的？"她只回了一句："我从
入行开始每天见 6 个客户。"

然后，她顿了顿，接着说："不过，今天因为要见 3 位领
导，我没能见到 6 个客户。"说完，就开始吃饭。

席间，赵姐突然问董事长："丁董晋升以后有没有买过自
己签发的保单？"

在保险公司，只有董事长有权限签发保单。丁董在晋升
之前自然没有这个权限，如果未来他高升了，同样也无法签
发保单了。

丁董回答说："还没买过。"

赵姐就说："那您一定要趁自己当董事长的时候买一份做
个纪念啊！之前的李董就买不到自己签发的保单了，他现在
买的保单也是您签发的。"

接着，她扭头看着另外两位领导，问："秦总、吴总有没有买过丁董签发的保单呢？"

两位领导立刻说自己现在就买。就这样，赵姐一顿饭签下了三位大领导的单子。

"每天拜访 6 个客户，并找到他们的购买理由"，一生只做一件事，这就是大神区别于普通人的法门。

◎ 带团队的心法

当你的业务水平达到了比较高的水平，你即将迎来高手阶段的第二大任务——带团队。请注意，和其他职业不同的是，在保险代理人这一行，你的团队得由你自己从 0 到 1 去组建、去经营。在这个阶段，你需要特别注意的是，管理是一个系统的学科。你必须在兼顾自身业务的同时系统学习管理学知识，否则管起团队来就没有章法，也没有定力，整个团队的行动方向会变得很混乱。

要完成"带团队"的任务，你面临的具体挑战有哪些呢？我们一起继续通关。

从骨干到主管，如何打造属于自己的团队

设想：你想打造什么样的团队

· 程智雄

在大多数行业里，员工升为主管，自然就有下属了，比如

团队里有 5 个人，其中 A 干得最好，A 晋升为主管，其他 4 人就是下属。

但保险行业不一样：你是个业务骨干，有一天升了主管，但你手下没有任何人，需要自己招人建团队。这时候，很多人不管三七二十一就急匆匆跑出去宣讲招人了，其实这样做的效果并不好。我的建议是，在招人之前，先考虑清楚自己想打造什么样的团队。

以我为例，我是个终身学习者，我想打造的是"学习型"的团队，希望成员能够不断钻研、突破，用专业的知识服务客户。成为主管后，我严格按照高学历、高能力的标准选人，虽然只招了十几个人，但个个善于学习，业务上能不断精进。很快，我们团队的业绩就达到了平安的第三名——平安一共有 13 万个营业组，我们的团队规模还比前两名小很多。

当然，除了学习型团队，你还可以打造中产团队、海归团队，等等。

之所以强调主管招人之前要先想清楚打造什么样的团队，是因为这能从源头上控制好团队的整体质量。既然是一个全新的团队，没有其他老人在，为什么不抓住机会自己打造呢？同时，如果团队气质和主管气质相契合，团队能力和主管能力相匹配，也能更大程度上发挥团队总体的优势。

招聘：单纯扩张人力，不如注重人才

· 程智雄

我有一个徒弟，刚升职担任主管后，我问他："你想要一个什么样的团队呢？"

他跟我说："100 个人的团队。"

我又问他："假设我有 10 个人，你有 100 个人，我们两组人的业绩一样。那么，谁的利润高？谁的平均收入高？"

"肯定是你的。"

保险业有一个乱象，主管在招聘时一味扩大人力规模，使用人海战术，不关注人才的质量，这也是为什么我这个徒弟一张口就想招 100 人。但这样做的结果是，成员平均水准不高，团队整体的业绩也上不去。

而且，你的团队什么水平，你就可以招到什么水平的人。当你的团队人均年薪只有 50 万元的时候，你压根不敢挖年薪 60 万元的人，哪怕你很希望他能加入。但是，当团队人均年薪达到 100 万元时，你可以随便招到年薪 80 万元、90 万元的人，这些人也能很快达到年薪 100 万元的水平。这样，整个团队就会在一个较高的水平上运行。

所以在招聘时，不要单纯扩张人力，而要关注人才。队伍里都是精兵强将，不愁业绩上不去。

经济学家帕累托提出过一个"二八原则"，这个原则推演到保险行业上也适用——20%的保险代理人完成了整个行业80%的业绩。在招人的时候，管理者要尽量找到那顶尖的20%。虽然这个做法实现起来需要花很长时间，但如果你的团队已经有足够好的成绩，没有人员扩充上的压力，你大可以把精力用在找到那20%的人上。一旦这样的队伍成型，你们的战斗力就会是顶级的。

禁忌：不能为了凑人数而放低标准

· 程智雄

保险公司对团队管理者的考核，除了业绩之外，还有团队成员人数的标准。因此，我见过很多人，为了应付人数的要求，放松了原本的招聘标准，结果劣币驱逐良币，最后团队里只剩下低水平的人。

曾经，我手下的一个团队长迫于人数压力，让两个不符合团队招聘模型的人通过了面试。最初我并不知道这件事，等到人招进来，我给他们做入职培训时，发现那个组里有两个海归、两个副行长、一个媒体人——都很不错，但是在他们旁边，坐着两个"杀马特"。培训第一天，这批人都在，但是第二天，就只剩下那两个"杀马特"了，其他五个很优秀的人全走了。走的那几个人跟我反馈："你们团队很好，但是，你们到底有没有标准啊？"

这个教训非常惨痛。我们花费了很多的精力和资源筛选、招聘出来的人才，就因为一时放松而全流失掉了。

管理者之所以不能轻易突破标准，背后还有一个原因是概率。

我上小学的时候，学校组织分班考试，把成绩好的学生分在 A 班，成绩差的分在 B 班。之后一段时间，A 班的成绩一直遥遥领先于 B 班。当时有人提出，是不是因为 A 班的老师比较厉害？后来学校把两个班级的老师对调了一下，发现并没有起到什么作用。B 班有没有逆袭的同学呢？有，但只有一个。A 班成绩好，本质上是因为学生好，这些学生在考试中的表现大概率比 B 班好。

同样的道理，在保险代理人这一行，当然有不符合我的招聘标准但也做得非常出色。但这只是个例，如果从团队的角度看，100 个符合高标准的人做得不如 100 个不符合高标准的人，这种概率微乎其微。

作为管理者，我们要对自己的能力有清醒的认知——我们很难大幅度地改变一个人，只能修边幅。看清这一点，就更能理解坚持标准的重要性。

到这里，你已经组建了属于自己的团队，当上了团队主管。这时，有一个坑 90% 以上的代理人都会踩，你千万要避开，那就是只顾着做管理，忽略了自身业务能力的发展。

关于这一点，我们看看程智雄老师为你准备了什么提醒和建议。

身为团队主管，如何兼顾一线、保持手感

· 程智雄

业绩出色的保险代理人在刚当上主管之后，很容易掉进一个坑里：把时间、精力和工作的重心都转移到带人上。

我刚当上主管时，就是这样，觉得团队里的每个人都是我从茫茫人海中精挑细选出来的，所以对他们在业务上的任何问题都是有求必应，甚至还会直接上手帮他们解决。但一段时间后，我发现团队整体的业绩并没有因此获得提升。

我也遇到这一些出色的保险代理人，在升任主管后因为团队业绩不佳，最后不得不退回去当业务员。保险公司都有基本法，业绩达到标准可以做主管；达不到，就要重归业务员，没有商量的余地。

因此，保险管理者的大忌是，光顾着做管理，忽视了做业务。对于管理者来说，业务和管理同样重要。

首先，你的团队刚成立，团队成员大多是新人，整个团队的业绩要靠你撑起来。比如，团队的业绩指标是 500 万元，可能有 400 万元是需要你扛下来的。如果你忙着带新人，忽略了业绩，整个团队都无法完成任务，结果很可能是你从管理岗上被刷下来。

其次，如果你无法用好的业绩来为自己正名，下属也不会服你，不愿意采纳你的指导建议。我曾经带过一个新人，由于他没见过我做业务，对我的很多做法都不认同，甚至在我陪他见完客户后质疑我："你为什么要跟客户那样说？"后来，他再见客户压根没叫我。最后，在我把他谈丢了的客户追回来后，他才改变了对我的态度。所以，比起一门心思培养人，以身作则地做好业务是最低成本的管理方式。

最后，如果长期脱离一线业务，缺乏对市场变化的了解，你也很难在管理岗位上干得长久。所以我的建议是，管理者一定不要把全部的时间都花在团队管理上，就算团队规模越来越大，管理层级越来越多，个人业务在整个工作时间中也要占到一定的比例。当然，级别越高，用在个人业务上的时间越少。一般而言，带 10 人以内的团队，管理人员要保证有不低于 60% 的时间用于个人业务；而 10 ～ 100 人的团队，要保证将 30% ～ 40% 的时间用于个人业务；如果团队规模更大，有几百人上千人，个人业务时间可以占到 20%；到几千人，可以占到 10%。比如，我所知道的太平人寿的吴洪老师，管着近 7000 人的团队，每年也会花近 10% 的时间在个人业务上，一直接触一线市场、保持手感。

这时的你已经拥有了属于自己的团队，同时在业务上也持续精进，一切都在往好的方向发展。但是，千万不要以为终于可以松口气了。作为管理者，组建起队伍只是第一步，更重要的是在以后的日子里怎么去管理团队、经营团队，让你的团队始终保持活力。

关于这个问题，我们看看行业前辈们提了什么好建议。

如何管理下属，让你的团队保持活力

▍分别：对待下属，不能"一视同仁"

· 程智雄

团队里的每一个成员，都是主管花了大量的时间、精力层层选拔出来的。因此，很多新主管会有一种心理：这些人都是我的"孩子"，我得一个个手把手地带好。

但其实，每个行业都有淘汰率，不是所有徒弟都能带到出师那一天。你要像给客户打分那样，判断下属是不是值得带。

一个团队里大致会分为三类人：有销售天赋的人，不用怎么教，他们的业绩就非常出色；通过激励、训练能够达到比较高业务水平的人；注定带不好，需要被淘汰的人。

第一类人，我必须得承认，无法给出一个精确的描述或者判断标准。如果你做到管理者的位子，碰到这种天赋极高的人，基本一眼就能识别出来。对待这种人，管理者要做的就是给他们定一个足够高的目标，激发他们的潜能。

第二类人，我有一个简单的识别标准，就是坚持做了一年没有主动退出或者被淘汰，而且一年下来能够签下 20 单（不要看保费多少）的业务人员。他们就是可以通过培养、激励、管理，提升到不错的水平的。

至于第三类人，就是一年下来连 20 单都签不到的人。对于这类人，我建议管理人员不要心软，及时劝退。因为这样的人，要么是过于懈怠，要么是注定不适合这一行，你带也带不出来，何必浪费精力呢？

保鲜：两种方法让团队保持活力

· 程智雄

在很多人眼里，保险代理人天天靠喊口号、"打鸡血"增强士气。但其实我们心里清楚，没有人可以靠这些表面上的动作一直保持工作热情。作为管理者，要想让团队在长时间内保持活力、充满士气，让大家愿意为这份工作付出持续不断的努力，你要做的不仅仅是表面上的鼓舞，还有更深层次的赋能。

关于如何保持团队活力，我分享两个自己摸索出来的方法，希望对你有用。

第一个方法是打造学习型团队。这一点之前提过，在这里我重点分享如何打造学习型团队。在团队发展的每个阶段，我都会找出一些值得学习的知识，鼓励大家一起学习。

比如，第一阶段我们制定一个目标：打造认证理财规划师占比最高的团队。那么，大家就要去考认证理财规划师，这里面涉及很多实际工作用得上的专业知识。考完以后，团队成员就都是有专业证照的保险代理人了，他们在客户面前的竞争力肯定也更强。

下个阶段做"六步成交法"训练。我会去找行业知名的老师给团队做培训，讲讲如何做好高客经营（高端客户经营），带领团队持续不断地学习、复盘。

除此之外，还有各种各样可以带团队学习的内容，比如NBS（顾问式行销）培训、全能教练培训、讲师的训练和培养等。总之，一个学习型团队就是要在每个阶段设置不同的学习主题，保持团队的学习力和竞争力。这是一个不停充电、寻找方向的过程。

在这个过程中，管理者可能会遇到一个难题，就是大家的意愿问题。管理者需要提前去做一些思想工作：为什么要让大家去学这些知识？学了以后会得到什么？学了以后我们要做什么？这些要跟大家讲清楚。保持耐心，不要逼迫。

第二个方法是打造服务型团队。这一点的意思是，提升团队的服务水平，增强客户黏性。除了日常提示团队维护好客户关系之外，我每年还会挑选四个不同的节日，每个季度一个，比如春节、母亲节、中秋节、感恩节。组织大家头脑风暴：怎么能更好地服务客户？确定方案，开始执行。其实像这样的活动，主要作用在引导，引导团队养成服务客户的习惯以后，大家会自发做好以后的日常服务工作。

之所以打造服务型团队，是为了保持客户黏性。我们服务做得好，自然会收获很好的客户关系。

同理，之所以打造学习型团队，是为了带领大家学习适应市场的新知识。我们知识学得多，自然有更强的专业竞争力。

有了很好的客户关系，又有专业竞争力，无论在什么样的市场下，团队都能做出相对出色的成绩。这才是让团队保持活力、充满士气的核心。

▍搭建：培养业务人员，主动承担团队建设工作

· 吴洪

在团队人数不多，只有几个或十几个人的时候，你作为管理者可以亲自带每一个人。但人数到了四五十以上之后，你要是还凡事亲力亲为，就没精力做个人业务了。当然，更严重的问题是，如果这个团队只靠你一个人维系，那你不在的时候，这个团队就转不动了。

好的管理方式是什么呢？是组织一些功能组，让业务人员主动承担团队建设的工作和任务。比如，保险公司都要开早会，每天早会讲什么，安排谁来做分享，这些事情都需要有人来承担。你可以安排几个人轮岗，专门负责早会。

通常情况下，可以成立四个功能组——组织发展功能组、教育培训功能组、创新发展功能组和业务推动功能组。它们有的负责招聘，有的负责团队内的培训，还有的负责去找新客户。

如果你的团队人数达到百人以上，还可以把功能组切分得更细致。

这样做，除了能将你的时间和精力解放出来，还有一个好处，就是当这些业务骨干成长到自己能带团队的时候，他们已经具备一定的管理、组织能力，也有比较好的时间管理

能力了。毕竟，既要做业务，又要做功能组的事情，他们就需要协调好自己的工作安排。

恭喜你完成了"高手修养"章节的职业演练。从新手到高手，你看过了保险代理人面临的一个个典型挑战，并且在行业前辈的指引下，想办法、过难关，一路"打怪升级"走到这里。祝贺你。

但这不是本次职业演练的结束，进入下一章，你会看到行业顶端的风景。

CHAPTER 5
第五章
行业大神

在"行业大神"章节，你即将看到这个职业的殿堂级人物，他们分别是：用一生传递保险价值的梅第、每周坚持拜访 15 个客户的托尼·高登、目标感极强的柴田和子、精于"打比方"的桑杰和善于带团队的吴征宇。

之所以选择这几位大神级人物，一方面因为是他们本身的行业地位很高，另一方面也是因为他们身上体现着优秀保险代理人最重要，也最闪光的特质——善良坚定、坚忍不拔、冲劲十足、善于沟通、成就他人。

这些行业大神用一生的努力做到了这一行的顶尖水平。希望他们的故事能让你在未来的职业发展之路上，让你在感到沮丧、迷茫的时候，给你继续前行的力量。

梅第：用一生传递保险价值 [1]

美国大都会人寿的保险业务员梅第，是全球保险从业者心目中的英雄。他投身保险业超过 60 年，连续 40 多年荣登 MDRT 会员，多次担任 MDRT 年会发言人。美国人称他为"美国保险之父"，全球保险界称他为"永远的世界第一"。

在近百年的人生里，梅第每天早上 4 点半起床。投身保险业后，他 7 点前就开始工作。一周 7 天，每天拜访客户，几乎全年无休。他说，我是以真诚帮人解决财务保障不足的心态从事保险销售的，与其假日窝在家里看电视，还不如多花点时间拜访和服务客户。

这样的状态一直持续了 60 多年。在 90 多岁高龄且早已财务自由时，梅第仍然坚持在保险销售的第一线，直到去世。

我自己算了一下，以最常规的 8 小时计算（事实上他每

---

1. 本文参考了《无惧与坚持》(吴锦珠著，新华出版社 2009 年版) 一书。

天工作远远超过 8 个小时），梅第一周工作 7 天，60 年是 17 多万个小时。去掉外出演讲等时间，少说也有 16 万个小时。我们都知道 1 万小时理论，对于一个干了 16 倍的人来说，他干什么不会成功？

大家称赞梅第为"永远的世界第一"，并不是说没有人的业绩能超过他，而是说，梅第代表了保险业生生不息的精神，他是全球保险代理人的精神图腾。

当然，除了工作时间远超他人，梅第在助人为乐方面也是典范。

从小，梅第的父亲就教导他，助人为快乐之本。从事保险业之后，梅第将这种助人的性格发挥到了极致。

有一次，梅第接到了一件人寿保险的理赔案。他赶到客户家里后，很快替客户填好了保险理赔的申请表。客户因为行动不便，请他帮忙看看另外两家保险公司的保单。梅第仔细查看之后，发现这些保单同样可以申请理赔，就在客户授权的情况下，帮他去另外两家公司办好了理赔。

等他把理赔支票送到客户家里时，客户非常高兴，坚持要给梅第一沓现金作为酬谢。梅第婉拒后，客户又要送酒送礼物，梅第没办法，只好说：如果您实在要表达感谢的话，请告诉我几个可能对保险感兴趣的朋友的名字吧。

过了几天，梅第收到了客户的一封信，里面详细列了客户的 21 个朋友的地址和联系方式，还有他们妻儿的名字和年龄。客户帮梅第一一推荐了名单上的每一个人。这 21 个人和他们的家属，后来都成了梅第的客户。

还有一次，梅第的办公室来了一位特别着急的客户，他说："梅第先生，我必须在今天下午 3 点前，存 45 万美元到我的账户里，不然我就要破产了。"梅第赶紧找出这位客户的资料，核查到客户确实能以保单贷款[1]的方式贷出 45 万美元。但是公司规定，贷款最快也要两天才能办完，根本不可能在当天下午就到账。

面对客户的紧急处境，梅第想尽了办法，先是打电话给自己的领导，又向总公司求助，还找到了公司副董事长，得到的答案都是不行。一般的代理人做到这个程度也就放弃了，但梅第没有。他再次找到副董事长，恳切地请求道，"请无论如何一定要帮帮我的客户，不能让他破产"。副董事长被梅第的诚意触动，请公司的顾问从客户的保单里贷出了 45 万美元，当天办完手续，帮助客户顺利度过了危机。

这样的事例很多。客户生病、遭遇意外、家人死亡，梅第都会亲自将理赔的支票送到客户手上。助人的品性让他把保

---

1. 以寿险保单的现金价值作担保，从保险公司获得的贷款。

险的功能极大地发挥了出来——意外降临时，帮助客户平稳过渡。

梅第说，年轻的时候，他每个星期做两份保单；60 年后，他每个月参加两个丧礼，为客户的指定受益人送去几百万美元。可以说，他用自己的一生体会、传递着保险的价值。

托尼·高登：每周拜访 15 个客户 [1]

在全世界的保险牛人中，托尼·高登堪称传奇式人物。他在 1977 年获得 MDRT 会员资格，第二年直接越过 COT 阶段，拿下了 TOT 资格。更加不可思议的是，他此后一直保持着超人的业绩水平，TOT 一做就是 36 年。

很多人忍不住问托尼：从普通业务员到超级明星，你的秘诀是什么？托尼说自己用的是笨办法——确保活动量。

托尼上班后有人告诉他："你只要每个星期都有 15 个约访，那么就非成功不可。"那时候，他意识到这是个讲究数字的行业。活动量会影响业务员所做的每一件事情——不管你的成交率有多低，保单的平均金额有多小，只要活动量足够多，收入就有保证。

于是，托尼在速记本上列出每周的约访对象、约访时间，

---

1. 本文参考了《只有更好》（托尼·高登著，吴薇、晓良译，海天出版社 2005 年版）一书。

在每个约访对象旁边标上 15、14、13 的序号，一直倒推到 1。每完成一个约访，就把旁边的数字划掉，看下一个。他的目标非常明确：把所有数字划掉，直到零为止。到周五晚上，除非这个星期所有的数字都被划掉，下星期的日程都已排满，否则他绝不离开办公室。就这样，几十年如一日地坚持下来，他获得了巨大的成功。

柴田和子：目标感极强的"业绩女王"[1]

在全球保险界，谈到销售业绩，柴田和子是个绕不过去的名字。她被称为"日本推销女神""保险业绩女王"，一个人成交的保单金额能抵上 5 家保险公司的业绩，日本曾经有 3 位首相都是她的客户。

很多人可能觉得，这么厉害的人物起点一定很高。但实际上，柴田进入保险业之前只是个家庭主妇。她耀眼成绩的背后，是极强的目标感。从入行开始，柴田就给自己定了一个又一个目标，并为此坚持不懈地努力。

1970 年，MDRT 日本分会刚刚成立，这一年也是柴田从事保险业的第一年。从听说 MDRT 的故事开始，柴田就把它当作自己的最高目标。那时，佣金达到 100 万美元简直是天文数字，结果柴田短短 3 年就成了 MDRT 会员。后来，柴

---

1. 本文参考了《我是日本销售女神》(柴田和子著，黄朋武译，东方出版社 2004 年版) 一书。

田又为自己设定了东京地区第一名、日本第一名的目标，并一一达成。

1991 年，柴田的销售业绩累计达 2028 亿日元，单年业绩达 68 亿日元，相当于她所在保险公司 804 位业务员一年的业绩，因此被载入吉尼斯世界纪录。

你可能会问，目标谁都会定，为什么只有柴田能做到？有两个秘诀。

第一，日拱一卒。柴田的目标感体现在日常工作的每一天。在她还是新人的时候，每天下班前都会看看同事们的业绩，如果发现自己不是公司成交保单最多的，就再次出门，争取比别人多签下几份保单，成为签单最多的业务员。后来她又发现，虽然自己签的保单比别人多，但金额并不高，于是就争取每天成交的保单额高一点。

第二，一旦定下目标，就千方百计去实现。一开始，柴田主要面向个人销售保险，但她发现仍然达不到目标，于是就去拉企业客户。那个年代网络并不发达，一般人很难了解企业情况，甚至连企业的名称都不知道。柴田是怎样获取这些资料的呢？她曾经一整天坐在银行柜台前的椅子上，一听到银行职员喊某某公司，就记录下来，然后再去请求分行行长、次长、贷款课长为她介绍那些企业、她就是这样一家家打开了局面。

　　原本是家庭主妇的柴田，凭借目标感取得了职场上人人仰望的业绩。当你觉得自己太渺小，不敢定大目标，或者定了目标想偷懒的时候，想想这位前辈的故事吧。

桑杰·托拉尼：全球最年轻的 MDRT 终身会员

如果提到保险销售业绩"大神"，来自阿联酋的桑杰·托拉尼一定榜上有名。

桑杰在 19 岁就成为 MDRT 会员，是迄今为止 MDRT 最年轻的会员。而在连续 10 年拿到 MDRT 会员后，他在 28 岁成为终身会员——史上最年轻的 MDRT 终身会员。

他是怎么年纪轻轻，就做到如此成绩的呢？

你肯定以为，他是少年天才，天赋异禀。但我要告诉你，他最独到的地方是善于"打比方"——无论对着什么样的客户，他都能用打比方的方式让对方轻易理解自己购买的到底是什么产品、产品有什么用。你也许会觉得，这没什么呀！但看完桑杰的故事，你的看法或许就会改变了。

桑杰曾经拜访过一个企业家客户，他对着客户解释了一通保险的功用，但客户认为自己足够有钱，无论什么风险都能抵御得了，不需要保险。

桑杰意识到原来的沟通方式有问题，就换了种套路，让客户意识到保险的重要性。

他先问了客户一个问题："有一块巧克力，外面包裹着一层金箔纸。请问，是巧克力贵，还是金箔纸贵？"

客户说："当然是巧克力贵。"

他接着说："如果这块巧克力掉到了地上，没有金箔纸，巧克力就不值钱了。但如果有金箔纸，虽然巧克力碎了，但还可以吃，价值没有损坏。

"对一块小巧克力来说，它只需要一张不大的金箔纸就够用了。而你的资产这么庞大，相当于一块巨型巧克力，如果它掉到地上，损失会非常大。所以，你不是不需要保险，你是需要像一张巨型金箔纸一样的保险。"

客户一听，瞬间明白了保险的价值，桑杰也很快签下了保单。

看到这里，你还认为善于打比方只是个可有可无的小技能吗？

事实上，打比方是将难以理解、枯燥的保险知识翻译成客户熟悉的话语。这中间的转化，需要极高的智慧，需要对保险有非常深刻的认知。

吴征宇：从业绩精英到管理高手

保险行业的淘汰率极高。但是在我国有一个团队，新人的留存率达到了100%，那就是MDRT中国区主席吴征宇带领的"太阳系"团队。这是怎么做到的呢？

其实，吴征宇一开始并不想做管理、带团队。他从外企转行进入保险业不到5年，就已经做到年薪百万。用他的话说，当时的状态是"工作游刃，时间自由，可以经常休假或上课充实自己"。所以，他拒绝了公司想要交给他的管理岗位。

但他在学习教练技术的课程中，碰到一个组员参加了3个月培训还是毫无改变。吴征宇花了一整晚的时间，跟这个组员聊到凌晨，帮他梳理问题、寻找解决方案、深入交流人生体验……后来，这个组员在群里发了满满三个整页的内容——在此之前，他发消息绝不会超过2行字。吴征宇突然感觉到，帮助别人成长是一件非常有成就感的事情。于是，他主动跟公司申请担任管理职务。

之后，吴征宇一边把自己的经验输出成培训新人的知识体系，一边帮助团队里的人做个人规划——从业务能力的提升到如何实现财务自由、终身学习。

他的团队管理模式，充分体现了"理性"和"逻辑"。新人从入职第一天起，就要接受为期 1 个月的封闭式寿险规划师培训。紧接着是 2 个月的早课，每天 7:30 ～ 8:30，学习风控、保障等内容。而每一个人的成长路径，也有着非常清晰的规划。

另外一边，这个团队又有着跟"太阳系"这个名字一样的温暖氛围。吴征宇会每天拿出四五个小时的时间给团队新人做 case study（案例分析），其中两三个小时听新人拜访客户的录音。其实，如果按照收入情况划分，他自己做业务肯定是性价比最高的，其次是培训、讲课。而团队里也不乏专门做培训的训练师、绩优业务人员。但他还是这样亲力亲为，就是因为他把每一个成员都当成自己的家人。

吴征宇在团队里有一个绰号，叫"一半是海水，一半是火焰"，因为他的管理风格既有高度理性的一面，也有充满温情的一面。

从行业地图到新手上路、进阶通道、高手修养，再到行业大神，恭喜你已经完成了保险代理人这个职业的全部演练。回到现实世界，如果你想继续沿着这条职业道路往前走，或者想探索有关保险代理人的更多知识，请看下一章的内容。

CHAPTER 6

第六章

行业清单

在这里，我们为你准备了一个趁手的"工具箱"，它包括五个部分：

第一部分，行业大事记——帮你了解保险代理人这个职业的前世今生。

第二部分，行业术语——带你看看保险代理人一听就懂的"内行话"。

第三部分，头部机构——为你梳理这一行的龙头企业有哪些。

第四部分，行业奖项——为你展现这个行业的最高荣誉是什么。

第五部分，专业销售流程——帮你整理出可以无限次复用的销售方法。

这个工具箱既简洁又实用，未来的精进之路上，希望它能陪你走得更远。

行业大事记

1347 年 10 月 23 日，意大利商人乔治·勒克维伦开出迄今发现的全球第一张保单，承保是"圣·克勒拉"号船舶从热那亚至马乔卡的航程保险。

第一张保单

第一家保险公司

1568 年，世界上最早的保险公司——英国皇家交易所成立。

1601 年，英国制定了世界上第一部海上保险法律，规定了由保险分担不测事故所致的损失，阐明了海上保险的意义和作用。

第一部海上保险法律

第一家火灾保险公司

1676 年，第一家火灾保险公司——汉堡火灾保险局宣告成立。

1693 年，哈雷编制了第一张生命表，精确表示了每个年龄的死亡率，提供了寿险计算的依据；1762 年，根据保险技术基础设立的人身保险组织——伦敦公平保险社成立。

第一张生命表

1871 年，英国议会批准劳合社成为保险社团组织，经营海上保险业务；1911 年，英国议会批准劳合社成员可以经营包括海上保险在内的一切保险业务，比如人身险等。

第一个互助保险组织

1906 年，英国通过《海上保险法》，将多年来遵循的海上保险的做法、惯例、案例和解释等用成文法形式固定下来，规定了标准的保单格式和条款，被许多国家沿用至今。

沿用至今的保险法

国内第一家国有保险公司成立

1949 年 10 月，中国人民保险公司成立，这是新中国成立后的第一家国有保险公司。

1979 年 4 月，国务院决定逐步恢复国内保险业务，停滞 20 年的中国保险业开始复苏。

中国保险业复苏

第一家外资保险公司进入国内，引入代理人制度

1992 年 10 月，美国友邦保险获准在上海开业，成为改革开放后中国第一家外资保险公司，首次将保险代理人制度引入国内。

1995 年 6 月，《中华人民共和国保险法》颁布。

中国《保险法》颁布

中国保险公司上市

2000 年 6 月 29 日，中保国际控股有限公司（后更名为中国太平）在香港联交所挂牌上市，这是第一家在境外上市的中资保险企业。2007 年 1 月 9 日，A 股保险第一股——中国人寿在上海证券交易所挂牌上市。

2001 年，中国加入 WTO（世界贸易组织），保险业在金融业中率先开放。美国纽约人寿、美国大都会、日本生命保险 3 家外资公司获得业务执照。

中国保险业对外开放

保险业"新国十条"颁布

2014 年，国务院发布《关于加快发展现代保险服务业的若干意见》（即"新国十条"），保险业被以"顶层设计"的形式明确了在社会经济中的重要地位。

2016 年，中国保险业为全社会提供风险保障 2373 万亿元，中国保费收入首次超过日本成为世界第二。

中国保费总量跃居世界第二

银保监会成立

2018 年 4 月，银保监会成立，中国保险业开启新的监管历程。

2019 年 7 月，最新的 11 条金融业对外开放措施落地，外资保险公司准入条件放宽。

新一轮对外开放

行业术语 [1]

（一）业务术语

展业：开展业务，特指保险公司的保险代理人开展保险业务。

展业工具：就是帮助保险代理人开展保险业务、推介保险产品的工具，载体包括线下工具（彩页、手册等）和线上工具（App、H5、小程序），意义在于帮助保险代理人获客、转化成交，提高效率，也提升客户的体验，包括以下几个类别：

1.行销辅助品：产品的介绍、公司的介绍、公司品宣工具；

2.专业工具：客户需求分析工具、保险计划书生成器、CRM 系统；

3.售前服务工具：服务体验包（比如体检卡、肿瘤筛查服务、亲子活动等）、保单整理工具。

---

1. 本部分内容参考了《保险术语（GB/T 36687-2018）》，http://www.iachina.cn/art/2019/4/12/art_81_103473.html，2023 年 2 月 10 日访问。

拧毛巾：每个保险代理人都要像拧毛巾里的水一样，挖掘自己的人脉关系，把他们都转化成客户。

促成：在营销过程中，推动客户签保单的引导行为。

带流程：跟客户展示完保险方案后的"促成"行为。

结账：跟客户面谈后，约定下一次面谈的内容、时间。

结案：保险人对理赔案中应承担的义务和享有的权利执行完毕的状态。

加保：在保险期限内，经投保人申请并提供可保证明，保险人同意增加保险金额的行为。

减保：在保险期限内，经投保人申请，保险人同意降低保险金额的行为。

主险 / 基本险：可以单独购买的保险产品。

出单：保险人向投保人出具保单，表示保险合同成立的行为。

出险：保险期限内，保险事故发生。

赔付：保险人向被保险人或受益人进行赔偿或者给付保险金。

通融赔付：根据保险合同的约定，保险人本不应承担或者完全承担赔付责任的情况下，但仍赔付全部或部分的保险金。

育成：把自己的下属培养成团队队长，分为直接育成和间接育成。直接育成是自己的直属下属成为团队队长，间接育成是间接下属成为团队队长。

绩优：在保险公司里，业绩突出的保险代理人。

缘故客户：保险代理人原本就认识的人，包括亲属、同学、朋友、同事等。

（二）绩效术语

首年（度）佣金：保险公司根据保险合同第一年收取的保险费的一定比例支付给保险代理人的酬金。

续年（度）佣金：保险公司支付给保险代理人首年佣金以后的年度佣金。

件均：在一段时期内，保险代理人成交保单的平均保费金额。

（三）保险产品

财产保险：以财产及其有关利益为保险标的的保险。

人身保险：以人的寿命和身体为保险标的的保险。

附加险：附加于主险或基本险的保险产品，附加险是不可以单独购买的。

孤儿单 / 孤儿保单：因为原销售人员离职而需要安排人员跟进服务的保单。

（四）保险相关对象

保险人：通常理解下的保险公司，负责与投保人订立保险合同，并按照合同约定承担赔偿或者给付保险金的责任。

投保人：通常理解下的客户，与保险人订立保险合同，并按照保险合同支付保险费。

被保险人：其财产或者人身受保险合同保障，并且享有保险金请求权的人。

受益人：在人身保险合同中，由被保险人或者投保人指定的享有保险金请求权的人。

头部机构

要加入保险行业，你需要了解这一行有哪些头部企业。国内目前有近 200 家保险公司，在此为你介绍 8 家头部公司（排名不分先后），它们是保险行业的典型代表。

中国人寿

中国人寿保险（集团）公司属国家大型金融保险企业，连续 18 年入选《财富》世界 500 强企业，排名由 2003 年的第 290 位跃升为 2022 年的第 40 位。

中国平安

中国平安保险（集团）股份有限公司是我国第一家股份制保险企业。在我国，目前只有中国平安和中国人寿两家保险公司有做综合金融业务的资格，而中国平安是唯一一家拥有金融全牌照范围的保险公司。

平安的定位是金融科技，平安在科技方面的专利和能力是国内保险公司乃至金融机构中最强的。

太平洋保险

太平洋保险是一家综合保险公司，它是中国大陆第二大财产保险公司，也是国内三大人寿保险公司之一。连续 10 年入选《财富》世界 500 强企业，2022 年位列第 182 位。

中国人保

中国人保是一家综合性保险（金融）公司，世界 500 强企业之一，也是世界上最大的保险公司之一，属中央金融企业。

中国太平

中国太平是一个历史悠久的民族保险品牌，也是唯一一家总部位于香港的中管金融机构，是中国保险业第一家在境外上市的中资保险企业。

友邦保险

友邦保险是最早进入中国的外资保险公司，也是目前国内唯一一家外资保险公司。1992 年，这家公司首次将保险代理人制度引入国内。

新华保险

新华保险是一家全国性专业化大型寿险企业，主要股东有中央汇金投资有限责任公司、中国宝武钢铁集团有限公司等，实力雄厚。

泰康保险

泰康保险是一家涵盖保险、资管、医养三大核心业务的大型保险金融服务集团。2019 年，泰康以 210.08 亿元的利润排名国内寿险公司第三位，排名非上市寿险公司首位。

泰康是最早提出保险产品要与养老社区服务结合这一理念的保险公司，泰康的养老社区也是保险业最早投入使用的社区。

行业奖项

IDA-2023 年，中国大陆地区的评奖条件

（一）杰出业务奖

铜龙奖：112500 元

银龙奖：337500 元

金龙奖：675000 元

白金奖：1012500 元

说明：以上评奖标准为保险代理人首年度佣金收入，不包括组织奖金、训练津贴等。同时，申报者必须完成 36 件以上的个人寿险新合同。

（二）优秀主管奖

优秀主管铜龙奖：组织中有 3 位组员达到"国际龙奖 IDA"标准

优秀主管银龙奖：组织中有 6 位组员达到"国际龙奖 IDA"标准

优秀主管金龙奖：组织中有 9 位组员达到"国际龙奖 IDA"标准

优秀主管白金奖：组织中有 12 位组员达到"国际龙奖 IDA"标准

MDRT-2023 年，中国大陆地区的入会条件

普通会员：佣金达到 198500 元，收入达到 343900 元，保费达到 595500 元

超级会员：佣金达到 595500 元，收入达到 1031700 元，保费达到 1786500 元

顶尖会员：佣金达到 1191000 元，收入达到 2063400 元，保费达到 3573000 元

专业销售流程

第一步：梳理名单

第二步：设定目标

第三步：电话约访

第四步：初次面谈

第五步：需求分析

第六步：方案呈现

第七步：促成与追踪

第八步：要转介绍名单

后记

这不是一套传统意义上的图书，而是一次尝试联合读者、行业高手、审读团一起共创的出版实验。在这套书的策划出版过程中，我们得到了来自四面八方的支持和帮助，在此特别感谢。

感谢接受"前途丛书"前期调研的读者朋友：陈士宽、杜佳璐、郭瑞炜、黄鑫、柯贵喜、李容霞、林必成、林静荣、陆卫、吕凯、宋云、谭伟彬、田明仓、王鹏飞、徐铭蔚、徐孝敬、杨文斌、杨雪梅、杨艳、有志军、于秀霞、张志海、郑烨卿、朱建青等。谢谢你们对"前途丛书"的建议，让我们能研发出更满足读者需求的产品。

感谢"前途丛书"的审读人：Tian、安夜、柏子仁、陈大锋、陈嘉旭、陈硕、程海洋、程钰舒、咚咚锵、樊强、郭卜兑、郭东奇、韩杨、何祥庆、侯颖、黄茂库、江彪、旷淇元、冷雪峰、李东衡、连瑞龙、刘昆、慕容喆、乔奇、石云升、宋耀杰、田礼君、汪清、徐杨、徐子陵、严童鞋、严雨、杨健、杨连培、尹博、于婷婷、于哲、张仕杰、郑善魁、朱哲明等。因为审读人数众多，篇幅所限，不能一一列举，在此致以最诚挚的谢意。谢谢你们认真审读和用心反馈，帮助我们完善了书里的点滴细节，让这套书以更好的姿态展现给广大读者。

感谢得到公司的同事：罗振宇、脱不花、宣明栋、罗小洁、张忱、陆晶靖、冯启娜。谢谢你们在关键时刻提供方向性指引。

感谢接受本书采访的五位行业高手：李璞、程智雄、吴洪、吴征宇、张威华。谢谢你们抽出宝贵的时间真诚分享，把自己多年来积累的经验倾囊相授，为这个行业未来的年轻人提供帮助。

最后感谢你，一直读到了这里。

有的人只是做着一份工作，有的人却找到了一生所爱的事业。祝愿读过这套书的你，能成为那个找到事业的人。

这套书是一个不断生长的知识工程，如果你有关于这套书的问题，或者你有其他希望了解的职业，欢迎你提出宝贵建议。欢迎通过邮箱（contribution@luojilab.com）与我们联系。

"前途丛书"编著团队

图书在版编目（CIP）数据

我能做保险代理人吗 / 战轶，丁丛丛编著；李璞等
口述 . -- 北京：新星出版社，2023.4
ISBN 978-7-5133-4956-7

Ⅰ. ①我… Ⅱ. ①战… ②丁… ③李… Ⅲ. ①保险代
理 - 通俗读物 Ⅳ. ① F840.45-49

中国版本图书馆 CIP 数据核字 (2022) 第 121209 号

我能做保险代理人吗

战 轶 丁丛丛 编著
李 璞 程智雄 吴 洪 吴征宇 张威华 口述

责任编辑：白华召
总 策 划：白丽丽
策划编辑：翁慕涵 王青青
营销编辑：陈宵晗 chenxiaohan@luojilab.com
装帧设计：李一航
责任印制：李珊珊

出版发行：新星出版社
出 版 人：马汝军
社 址：北京市西城区车公庄大街丙 3 号楼 100044
网 址：www.newstarpress.com
电 话：010-88310888
传 真：010-65270449
法律顾问：北京市岳成律师事务所

读者服务：400-0526000 service@luojilab.com
邮购地址：北京市朝阳区温特莱中心 A 座 5 层 100025

印 刷：北京奇良海德印刷股份有限公司
开 本：787mm×1092mm 1/32
印 张：8.5
字 数：154 千字
版 次：2023 年 4 月第一版 2023 年 4 月第一次印刷
书 号：ISBN 978-7-5133-4956-7
定 价：49.00 元